孩子，我懂你

如何成為聽損嬰幼兒學習和溝通的夥伴

管美玲 ▪ 主編

管美玲、莊鳳儀、官育文、邱文貞、

葉靜雯、簡子欣、廖秀紋 ▪ 著

目 次
CONTENTS ••

主編者簡介

▌管美玲

　　現任財團法人中華民國婦聯聽障文教基金會總幹事、財團法人振興醫院聽覺醫學中心顧問、財團法人黃俊生人工電子耳基金會董事，曾任台北榮總耳鼻喉部聽力師、國立高雄師範大學聽語所兼任助理教授。耕耘台灣幼兒聽力與聽損早療領域近四十年。

　　1988 年，台北榮總耳鼻喉部派送管美玲赴美於北科羅拉多大學溝通障礙所，進修幼兒聽力學及早期介入，回國後推動新生兒聽力篩檢並為婦聯會規劃了一套零至三歲聽損兒童早療課程，對日後台灣聽損療育由四歲向下延伸至零歲產生了巨大的影響。為使聽損療育的腳步跟得上科技進步的速度，近年來致力於聽損兒童智慧整合聽語教學之研究，同時為提升台灣聽損醫療品質，2004 年更規劃成立振興醫院聽覺醫學中心及附設顳骨實驗室，首開醫療與教育跨領域整合之先例，因而獲得台灣早療棕櫚獎。

作者簡介

┃管美玲

請見主編者簡介

┃莊鳳儀

學歷：美國亞利桑那大學聽力學博士

經歷：財團法人婦聯聽障文教基金會附設台中市私立至德聽語中心聽力師

┃官育文

學歷：國立高雄師範大學特殊教育研究所碩士

現任：財團法人婦聯聽障文教基金會附設高雄市私立至德聽語中心主任

經歷：高雄市立高雄啟智學校教師

　　　高雄市立高雄啟智學校語言訓練專業教師

　　　高雄榮民總醫院耳鼻喉科語言治療師

　　　台北榮民總醫院耳鼻喉部語言治療師

┃邱文貞

學歷：澳洲麥覺理大學臨床聽力學碩士

現任：財團法人婦聯聽障文教基金會教研組組長

經歷：財團法人婦聯聽障文教基金會附設台北市私立至德聽語中心聽力組長

　　　財團法人婦聯聽障文教基金會附設台北市私立至德聽語中心聽力師

　　　財團法人婦聯聽障文教基金會附設台北市私立至德聽語中心聽語教師

▌葉靜雯

學歷：輔仁大學中文系

輔仁大學應用心理學系（輔系）

現任：財團法人婦聯聽障文教基金會附設台北市私立至德聽語中心主任

經歷：財團法人婦聯聽障文教基金會附設台北市私立至德聽語中心教學組長

財團法人婦聯聽障文教基金會附設台北市私立至德聽語中心聽語教師

▌簡子欣

學歷：台北市立教育大學身心障礙教育研究所碩士

現任：財團法人婦聯聽障文教基金會附設台北市私立至德聽語中心教學管理長

經歷：財團法人婦聯聽障文教基金會附設台北市私立至德聽語中心聽語教師

▌廖秀紋

學歷：國立台灣師範大學人類發展與家庭學系幼教組碩士

經歷：財團法人婦聯聽障文教基金會附設台中市私立至德聽語中心教學管理長

財團法人婦聯聽障文教基金會附設台中市私立至德聽語中心聽語教師

推薦序一

依據衛福部國民健康署的資料顯示，台灣新生兒先天性雙耳中重度聽障的發生率約為 0.1% 至 0.2%，亦即每千名新生兒約有一至二名有聽損問題。這些先天性聽損兒可以藉由聽覺輔具之配戴或裝置，並接受聽能溝通語言復健，在大腦正在快速形塑中，他（她）們的各項能力發展與典型發展嬰幼兒並不會有嚴重遲緩的現象。

婦聯聽障文教基金會於 1991 年開始投入聽損療育，至今已近三十載，服務許多學前和學齡聽損兒童，績效卓著，並不斷地求新求變，提供許許多多家庭教養聽損兒的知能，陪伴孩子成長。這些年來，藉由新生兒聽力篩檢，婦聯聽障文教基金會接受了許多出生不久即被鑑定出來的聽損兒，在過去數年的摸索中，藉由每年教師的專業知能成長，融入聽損兒的特殊性，由管美玲總幹事帶領教師們共同研究、討論、實務教學，將所有的研究心得彙整成本書《孩子，我懂你：如何成為聽損嬰幼兒學習和溝通的夥伴》，堪稱是華語家庭的福音。

本書提供父母明確的指引，由第一章〈嬰幼兒是學習高手〉讓父母明白聽損兒也和典型兒一樣，可以透過多重感官的開發、多元的溝通方法學習，他們的未來一樣燦爛發光。第二章的聽損問題，深入淺出，帶領家長快速了解；第五章說明如何維護嬰幼兒的聆聽品質；第六章則提供父母們瞭解嬰幼兒的發展階段及先天氣質、特殊性向，以培養聽損兒獨立、自信、主動、積極的個性，未來更易融入競爭激烈且現實的社會環境。

本書從初始到結束，每個文字、每個語句、每個篇章都融入婦聯聽障文教基金會老師們的專業、熱情以及對父母們的深厚期許。上帝為聽損兒關了一小扇窗，但是在婦聯早期療育團隊的努力下，必可為他們開啟一道

更大的門。誠如第一章所說的：「起跑點上沒有輸贏，只有環境裝備好了沒」，大家一起加油吧！

美國奧立岡大學語言治療博士

黃瑞珍

（本文作者為 1975 年華人地區第一個聽損兒童融合教育資源班創始人）

推薦序二

　　婦聯聽障文教基金會是台灣最早提供聽損幼兒早期療育的機構，在聽損幼兒的早期療育具有非常豐富的經驗，對台灣聽損幼（兒）童教育及其家庭貢獻良多。近年來，由於聽力科學的新進研究與發現，加上科技進步，讓我們對於大腦與學習的關係有更深入的理解，基金會團隊在管美玲總幹事的領導下，提出聽損兒童「智慧整合聽語教學系統」（Integrated Teaching System of Multiple Intelligences for the Hearing Impaired, ITSMI）的教學理念。初次接觸這個教學系統，並未深入去瞭解，接獲總幹事的來信告知他們即將出版《孩子，我懂你：如何成為聽損嬰幼兒學習和溝通的夥伴》邀請我為這本書寫推薦序時，我爽快地一口就答應。一則可以提早拜讀基金會團隊的大作，並可對 ITSMI 有更深入的瞭解；二則對於基金會長久在聽損教育的耕耘深感敬佩，能受邀寫序也深感榮幸。

　　回想早期我在輔導一些聽損幼童的家長時，常聽到家長最大的期待是希望孩子能開口叫「爸爸」或「媽媽」，聽損教育的重點也常著重在「聽」與「說」的發展。我們也很清楚聽損兒童的發展有比聽和說更重要的任務，例如認知、溝通和情緒等等，而且聽與說也並非是唯一的溝通模式。2010 年世界聾人教育會議（International Congress on the Education of the Deaf, ICED）強調尊重聽損者多元溝通模式的選擇，甚至在 2015 年的大會更增加對聽損者終身學習與生活品質、社交情緒功能與心智健康等議題。足見科技日新月異，聽與說已非聽損者教育的關鍵重點，而是全人教育。本書各章所述，主要是能夠引發聽損兒產生自動學習的功能，並著重在全人的發展理念。

本書內容豐富結合聽力科學、腦神經科學、認知心理學、多元智慧理論提出聽損療育的模式，透過「聽懂」、「能溝通」、「能自主學習」的聽損療育目標，培養聽損幼童成功生活和有效學習所需要的關鍵能力，以改善聽損所衍生的知覺、言語、溝通、認知、社會、情緒、教育、智力、職能等全面性的問題，發展出健康的自我形象和平衡的身、心、靈。從書中各章的論述，可以瞭解如何為聽損嬰幼兒搭設學習的鷹架，成為他們學習和溝通的好夥伴。其中第四章〈幫助聽損嬰幼兒前先改變自己〉更強調，唯有父母有正確的認知和做法才是成功的第一步；除了依賴評估工具以外，順應孩子天生的氣質提供適切的教養方式，對孩子的發展都會有重要的影響。

　　我們相信寶寶是天生的哲學家也是科學家，聽損的嬰幼兒也不例外，不論是父母或老師，請相信「天賦本能」，聽損幼兒只是用不同的感官或者溝通的方式來探索世界。在科技進步的今天，只要你用心觀察，有自信地去教導聽損兒，他們一定可以獲得良好的全人發展。誠如本書第七章的標題：這麼做就對了！

國立屏東大學特殊教育學系教授兼特教中心主任

黃玉枝

推薦序三

家長是溝通最好的夥伴

在培育語言治療師、聽力師及特教老師時，我最常說的一句提醒就是：「溝通才是王道！」不要只把焦點放在孩子哪個聲音聽不清、哪個語音發不好，協助孩子與世界溝通才是最重要的；這也是我在博士班受訓時，指導教授曾進興老師給我的叮嚀。

在與聽損幼兒家長座談的經驗中，家長最常提出的問題是：怎麼陪伴孩子建立良好溝通、促進與人互動的能力？怎麼讓孩子坦然面對自己的聽損問題？

是的，在陪伴聽損兒童成長的路上，聽損兒童的家長需要更多的努力和等待，同時也需要更多的專業支持。而這本《孩子，我懂你：如何成為聽損嬰幼兒學習和溝通的夥伴》正是最好的武功祕笈。

這本書不只告訴我們「如何聽懂」的基本學問，也從多元智慧的觀點、全人的角度，提供培養孩子成長的理論及實務的做法，協助成為聽損嬰幼兒的溝通夥伴，是聽損兒童家長不可或缺的教養手冊。主編管美玲總幹事及每位作者，都是在聽損嬰幼兒領域長期奉獻的知名教師，她們在婦聯聽障文教基金會多年推動「智慧整合聽語教學系統」，當中重要的理念和做法，都無私地分享在這本書當中，這些努力讓我非常佩服，相信也會受到聽損兒家長的肯定。

此外，我覺得這本書的內容，也非常適合一般聽力正常兒童的家長。有心讓孩子及早發展多元智慧、多方探索孩子優勢、讓孩子發揮潛力的家長們，這本書非常值得您好好閱讀！我經常在演講場合分享「親子溝通的

重要與美好」，而這本書提供了非常具體的方法，協助家長更懂得傾聽、鼓勵孩子表達，享有更好的親子互動品質，是落實「家是幸福說話教室」的妙方。

國立台灣師範大學特殊教育學系副教授

劉秀丹

主編者序

　　台灣在 1965 年因著台北啟聰學校成立口語實驗班，使啟聰教育從手語進入口語時代。隨著助聽器科技的躍進，口語的成效也大為提升，直到 1990 年人工電子耳手術引進台灣，解決了助聽器只能補償聽力損失、無法取代耳蝸功能的限制，開啟了聽損兒童口語學習回歸主流的美好年代。

　　然而近幾十年來，隨著研究方法的突破，看似與教育／教養不相關領域的研究成果，像潮水般四面湧入，匯集成一個出口──教育／教養觀念需要改變。大腦科學讓我們知道大腦是依經驗塑造，嬰幼兒大腦有先天設定的超強學習機制和有效學習運作法則，教育／教養如不與其配合，是很難駕馭它的。基因科學對聽損醫療有很大的影響，先天性聽損超過 50% 都是來自基因的問題，不同的基因所引發的聽損問題也不同，及早確診可以及早做出適當的醫療和療育決定。基因科學的另一貢獻是扭轉了人們對「宿命」的消極看法，因為研究發現基因的「開關」受到環境影響，父母所提供的環境會影響天賦、潛能的展現。新生物學、分子生物學等領域的興起，把對「人」的瞭解推向一個新的境界，以往以腦為尊、身體各系統各自為政的知識，無法看到生命的整體性，遇見問題也就容易落入「見樹不見林」的狀態而不自知。從細胞的研究，發現身體裡大至各個系統、器官間，小至各個細胞間，都是雙向溝通形成網路，身心合一的實際操作也受環境影響；難怪知名的細胞生物學家 Lipton 揶揄地說：「是環境，笨蛋！」他同時認為父母是孩子的基因工程師，要善盡父母之職，就是要運用這些新的科學知識來改變自己的教育／教養行為。

　　長期以來，人們簡單地把聽覺輸入和輸出畫上等號，認為改善了聽覺輸入的問題，一切聽損次發性問題便迎刃而解了。但聽損教育相關研究卻

發現，早期語言輸入的優勢，到了中學就不再顯著，如：社交情緒、學業表現等；科學新知識帶來全球教育改革的風潮，聽損教育者必須重新省思傳統的聽損教育和教養觀念需要改變。而這樣的省思在二十多年前，婦聯聽障文教基金會就從聽損孩子的身上已覺察出，有些孩子語言能力很好，但回歸主流時仍有許多適應的問題：也許是學習能力所限，使得孩子來不及消化吸收爆炸的資訊；也許是社會、情緒調節能力未培育，面對複雜的內在感受，不知如何調適和表達；也許是過去的學習未發展出解決問題的能力，使得處理身邊發生的問題時，缺乏敏銳的覺知和處理的方法，或過度敏銳而反應不當。我們因而深知發展是遺傳和環境多領域、多層次相互影響的結果，聽損問題不能簡單地只處理聽覺輸入和語言發展的問題，而是應該從身心靈全人發展的觀點來解決和預防聽損衍生的問題。

　　台灣新生兒聽力篩檢已於 2012 年全面施行，面對國家未來的主人翁，在生命初始便參與影響他一生的療育工作者，是需要如履薄冰地謹慎，因為凡走過必留下痕跡，發展無法重新來過。我們既然已經知道影響學習和成長的關鍵，是嬰幼兒身邊的環境（人、事、物），激發學習的隱形力量，是嬰幼兒從出生後與環境互動中所培養的安全感、獨立自主、情緒調節、品格力等素養，我們怎能置若罔聞而毫無行動？二十多年來基金會全心投入聽損早期療育的變革，雖然沒有可以模仿的樣板，但多了可自由探索的靈活度。我們依著與「人」相關領域的研究，或調整或修正基金會的療育系統，走過的山山水水都是成長的基石，最終發展出「智慧整合聽語教學系統」。坊間有許多聽損、早療、大腦科學、生物學等諸多領域的專業書，但缺少一本將各專業整合並融合在聽損早療實務工作中的參考書。基金會團隊基於實際的需求，將理論和我們的實務經驗結合，用淺顯易懂的方式出版本書，幫助父母或早療團隊調整觀念，踏出正確的第一步並縮短摸索的時間。

本書第一章整合大腦科學的知識，讓父母瞭解學習是孩子的天賦，所以要相信孩子會用自己的方式努力；第二章從大腦運作機制，說明科技只能幫助聽損嬰幼兒「聽到」聲音，想「聽懂」聲音需要靠大腦；第三章強調幼兒身心靈的發展起於親子溝通，學習的隱形力量也滋長於溝通，聽損不會讓孩子沒有溝通的管道，關鍵是父母的選擇；第四章著重在幫助父母成為一個稱職的溝通夥伴；第五章帶領父母學習成為孩子專屬的聽力學管理者；第六章教會父母發現孩子的天賦；第七章教導父母依大腦發展特性，在家和孩子玩出學習能力。雖然本書的對象是「父母」，實質上所有服務聽損嬰幼兒的團隊人員都適用，甚至一般父母也可以應用在教養孩子和改善親子關係上。

　　本書的出版首先要感謝基金會的夥伴們，二十多年來同心協力地願意打破根深蒂固的療育框架，開創新的教學思維；這歷程充滿挫折、恐懼，但又不時有驚喜、頓悟，在顛簸中進步，讓我們有書寫的材料。其次要感謝作者們（有幾位是第一次寫作），她們都有著想幫助更多人的心念，在繁忙的工作之餘，願意承擔起這份辛苦的任務。然而激起這次出書的動機要感謝認識超過三十年的黃瑞珍教授，自她學成回國後，對基金會的教學總是毫不保留地指導和鼓勵，尤其是嬰幼兒的溝通技巧和量化的評估，幫助我們勇往直前，並願意寫推薦序。另外，在學術界素有盛名的黃玉枝教授、劉秀丹副教授在百忙之中為本書作序推薦，給基金會團隊莫大的鼓勵，我們也由衷感謝。基金會的董事長和董事會長期對聽損工作的支持，尤其在專業的發展上沒有設限，才讓我們有機會走出傳統的教學框架與世界接軌，全體夥伴只能用全力以赴來回饋這份信任。最後要感謝心理出版社的林敬堯總編輯對書名的建議，實有畫龍點睛之妙。

基金會籌劃出版此書時，作者雖都學有所長，盡心盡力蒐集資料分享經驗，但不免有漏失之處，還望前輩、學者、專家不吝指正。

　　　　　　　　　　　　　　　　　　　　　　管美玲 謹識

① 嬰幼兒是學習高手

管美玲

　　嬰兒出生後，在成人的眼裡僅有一些反射性的反應和基本的生命力，似乎是空著雙手而來，無助的等著父母協助他獲得成長必需的養分和學習必需的能力。然而，嬰兒出生時真的是一張白紙嗎？生命初始的色彩真的是被動的被塗上去嗎？

🌱 嬰兒是帶著能力來到世界

　　1990 年起因著數位科技和大腦科學的蓬勃發展，帶出驚人的研究成果，澄清了許多我們對孩子的誤解，引起了以大腦科學為依據的教養、教育、教學思潮，使得我們對孩子的瞭解超過幾千年來的總合。

　　嬰幼兒領域研究中著名的學者 Gopnik、Meltzoff 和 Kuhl，整理了許多研究，來證實新生兒有許多與生俱來的能力（黃馨慧譯，2011）：

1. 新生兒一出生就能從環境中分辨出人的臉和聲音，到了學會走路、說話和爬行之前，就能分辨快樂、傷心和生氣的表情，也能將表情和聲調配對。

2. 新生兒會模仿臉部表情，這意謂著新生兒瞭解自己身體的感覺，和他所看到的臉之間的相似點。新生兒知道自己和其他人相似，這樣的假設是他們瞭解別人心思的開始。

3. 新生兒會協調自己的表情、動作和聲音來回應他人的表情、動作和聲音，這是在與人溝通，也是在建立關係。

4. 新生兒喜歡看複雜的圖片，因為他們能把視覺的焦點放在物體的邊緣，以區分出同一靜態畫面裡不同的物體。

5. 新生兒會追視眼前移動的物體，並能預測物體應在何時何地抵達該處。

6. 新生兒已具有物件大小恆定的概念，也能瞭解不同感官訊息之間的關係，如：能把所聽到和看到的動作做連結、把所看到的物件和所感覺到的特質做連結。

7. 新生兒已能對兩事件間做出因果關係的假設。

8. 新生兒已能用物體共通原則來分類和辨認物體。

　　這些新生兒用來瞭解周遭世界的人和事物的起始能力，真是讓人讚嘆，但更不可思議的是接下來短短幾年，他便發展出同理心、知道人我不同、不會惑於物體的外觀特性來分類，而是能瞭解物體歸屬的內在原則、會察顏觀色推測別人的心思（心智理論），用來趨吉避凶或挑戰權威，最終產生個人解讀世界的信念。除此之外，嬰幼兒三歲前就能掌握語法結構的規則，流利地說出人類獨有的語言；也如Pinker所形容，嬰幼兒是個詞彙的真空吸塵器，每天以學習10個新詞的速度增加詞彙量來擴展認知（洪蘭譯，2015）。這些全面同步發展的生理、心理、心智和語言，是如何在這小小的身軀裡「大爆炸」呢？

　　科學家們從大腦科學的研究中找到共同的看法：人類面對環境和生存

的挑戰，演化出超強大腦，裡面存有認識世界的基本知識，和適應世界的強大學習機制（李玉明譯，2006；洪蘭譯，2015；鍾沛君譯，2011，2014）。原來嬰兒睜開眼睛就愛東看西看，先做些預測，再驗證自己有沒有猜對；沒猜對也不勞大人費心，自己就會修正。他們還喜歡與人互動，凡事充滿好奇、熱愛探索，為要弄個明白的這些本事是天賦、是本能，使他們註定成為一位學習高手。身為教養他們的成人，要如何做才不辜負這些超級寶寶呢？洪蘭教授（2015）認為順著大腦的發展去做，就是最正確的方向。

🌱 學習的機制都藏在大腦裡

　　我們的身體由占全身重量 2%的大腦（洪蘭譯，2009b）統籌管理，大腦如何運作出科學家眼中的超強學習機制？要瞭解這個大哉問，就要先瞭解這個在人類身上彰顯得如此獨一無二、造型像花椰菜的「小東西」，如何與真實世界互動、運作。

　　Newberg 和 Waldman 從研究中提出了人類世界的運作模型，它們是由三個現實交錯而成的：一個是實際存在大腦之外的現實世界；另一個是由感官與情緒迴路所形成的潛意識，主要關心的是生存和身體的生物性維護；第三個是對這個世界感知和認知的意識迴路（鄧伯宸譯，2010）。後面兩個現實就是大腦對這個世界所建構的內在地圖，也是學習的兩條基本路徑，恰恰對應著大腦內幾個相互連結又互相制衡的生理結構，分別是腦幹、邊緣系統和皮質（如圖 1.1）。

　　腦幹是大腦最早演化的部分，為身體提供本能式的自我防衛衝動（飢餓、戰鬥等）和維持生命自動運作的生理功能（消化、循環等）。人類的恐懼和欲望說到底，就是老祖宗留給我們對生存的本能反應，這個能激發

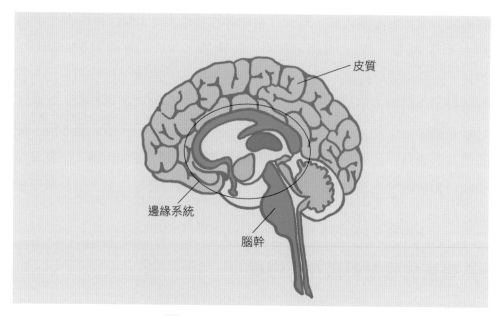

圖1.1　腦幹、邊緣系統和皮質

本能反應的腦幹只會製造衝動，不會判斷衝動是否適當，也不會控制衝動。在腦幹的上方是邊緣系統，它包含好幾個部分（在此不詳述），負責處理並整合情緒和短期記憶，情緒代表著某種意義，也觸發分泌幫助記憶的神經傳導物質，最終留下難忘的回憶；更特別的是邊緣系統像個篩子，篩選所有輸入的感覺訊息（嗅覺除外）後，送到該去的地方，引起它的兩個鄰居（腦幹和皮質）產生本能、感性或理性反應（洪蘭譯，2009b；隋芃譯，2013）。

　　包圍在邊緣系統上方的，就是人類最後演化出但引以為傲的皮質，人類獨有的智慧都源自於此，每個人之所以成為獨特的個體都和它有關，要瞭解自己和別人就需先瞭解它。皮質的外表和結構都很一致，但事實上它有很多區域負責不同的工作（如圖 1.2），只是做事的方式都一樣，它是怎麼做的呢？

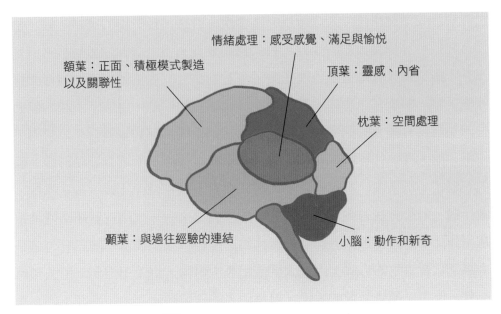

圖1.2　負責不同工作的皮質區域

　　皮質有六層，是有階層性結構，Hawkins和Blakeslee認為每一層的神經細胞對來自感官輸入的訊息，都有要負責辨別的類型。雖然各感官路徑不同，一旦進入大腦，就都會解構轉換成「動作電位」的形態，這就是各階層溝通的語言，最後所有被分別處理過的感覺訊息會送到高階皮質產生知覺，各知覺也同時會到皮質聯結區（洪蘭譯，2006），這是條「由下而上」的路徑。

　　訊息在皮質聯結區整合後，便能知覺當下的全貌（聽到的、看到的、聞到的、摸到的……），並將訊息送回到開始接受輸入的區域，做出解釋和預測，可能是個念頭或行為，這是條「由上而下」的路徑（回饋迴路）。從感覺、知覺到解釋和預測，大腦訊息的傳遞永遠是這兩條路徑交互作用：向上送的是拼圖的碎片，向下送的是拼好的圖片，而向下傳遞的判斷要比向上傳送的訊息多得多，因為皮質會自動提取出許多參考資料，為的

是能解釋或預測正確。人之所以成為會說、會想、會計畫的萬物之靈，是因為我們有解釋和預測的能力：我們聽到聲音，不用看就知道是張三還是王五；聞到香味就知道是玫瑰花開了；看到臉上的表情就知道你嘴裡要說什麼。每一個感官訊息輸入都能預測其他感官的反應，這個了不起的能力是因為皮質有強大的記憶和儲存裝備並能神奇地將感知覺整合，才起得了作用。而大腦進行解釋或預測的方式，是將以往每一個感覺經驗形成一個內在模式，然後會一直不停地用此模式與當下真實世界比較，為在哪裡、做什麼、怎麼做找答案或形成新的模式。簡單來說，大腦皮質隨時隨地都在用類比的方式和過去的經驗進行比較，來解釋或預測當下的訊息，這是大腦學習新事物的方式，因此大腦能記多少事情，以及用這個記憶去預測另外一件事，便是智慧的表現。但每個人的經驗和庫存的知識都不同，所以由上而下的分析來解讀世界也大大不同。

　　皮質還有一個特性，就是非常有可塑性和彈性，每一個活動、情緒、思想都會使皮質重組產生新的神經迴路。這個可塑性，讓嬰幼兒的未來有無限可能。而它的彈性展現在靈活調度、不浪費資源上，當某一個區域沒有好好地運用時，其他區域的工作就會來占用；或者需要較多的注意力來學習新事物或複雜事物時，就會先放在較高階皮質並動用許多資源來建立模式，一旦熟練了，就會從高階往下移，高階區就有能力去學習其他的事物，大大提升學習的效能。Medina 說得好：每一個嬰兒剛出生時，大腦都只是個「半成品」，需自行組裝，所以每一個人都有自己的大腦配線和智慧地圖（洪蘭譯，2009b）。

　　人類大腦就是靠回憶過日子，它可以創造無法預測的好日子，這是天賦本領！

　　初步瞭解了人類大腦學習的基本結構和運作機制，接下來就要關心如何啟動它，打開學習的大門。

🌱 鑰匙用對了學習之門才打得開

　　Siegel 和 Bryson 從演化的時間、在大腦的位置和運作的層次，將大腦結構用一棟正在蓋的房子來形容，腦幹和邊緣系統稱為下層腦，也就是前面所稱的「潛意識迴路」；皮質稱為上層腦，雖然其上下路徑的運作大多是潛意識，但所有意識的產生和心智的表現都是在這裡，也就是前面所稱的「意識迴路」。下層腦較原始，出生後就能發揮功能，直覺性的反應和強烈情緒的表達，常可在嬰幼兒身上看到；上層腦負責思考、情緒調節、同理心、社交技巧等，在出生後才開始慢慢發展，到 25 歲左右才會完全成形（洪慈敏譯，2016）。上下層腦要水乳交融才能發展出身心平衡的全人，快樂學習自然不在話下。

　　上層腦和下層腦之間有一特殊結構──前扣帶（如圖 1.3），對同理心或慈悲心的產生至關重要，它能把下層腦的邊緣系統（處理感受、情緒）和上層腦的前額葉（處理邏輯、理性）連結起來，作用像蹺蹺板的支點，平衡我們的情緒和思想（如圖 1.4）。如果流向上層腦和前扣帶的血流量增加，就能使下層腦的活動降低。反之，下層腦太活躍、太過情緒化（如恐懼、害怕），前扣帶就會關閉與前額葉這條理性自制的迴路，情緒便主導一切，沒有了思考能力，認知和學習就被壓抑了（鄧伯宸譯，2010）。但是提取記憶又必須靠情緒線索（正向情緒），所以要達到有效學習，就一定要用喚起情緒／情感的教學方法，這是大腦先天的設定。如何讓情緒／情感成為驅動學習的原動力，而不凌駕在上層腦之上，就需要上層腦充分成長並和前扣帶形成強大的迴路，使內在理性的約束力可發揮作用，並對下層腦伸出友誼之手。該怎麼做呢？

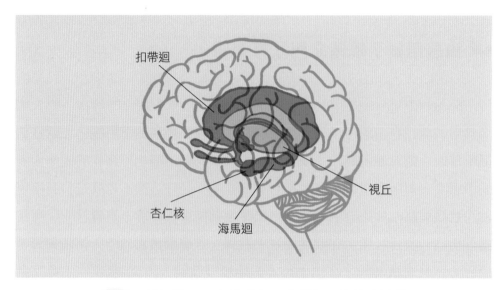

圖1.3　前扣帶──上層腦和下層腦之間的特殊結構

圖1.4　前扣帶把下層腦的邊緣系統和上層腦的前額葉連結，作用像蹺蹺板的
　　　支點，平衡我們的情緒和思想

Gopnik 等人形容寶寶的大腦是一個由神經細胞所組成的超級電腦，內建了電腦沒有的自動學習機制，這部生物電腦，需要技術支援系統（母親和身邊的成人）協助他發展出一生夠用的網路，他們認為愛和語言便是打造網路的鑰匙（黃馨慧譯，2011）。這真是投大腦所好啊！

Siegel 等人所提出的全腦教養法也有相似的概念，他們教導父母當孩子不可理喻時，要用愛和同理心先與孩子建立情感連結，來冷卻活力旺盛的下層腦，再用語言重新引導，讓孩子的上層腦得以連結，這樣的歷程就是在幫孩子建構他的大腦（洪慈敏譯，2016）。其實就是用成人成熟的大腦幫助孩子的「半成品」大腦，創造出自己品牌的「成品」。只是成人自己要先吸收知識來調整自己的行為，壯大自己的前扣帶（不用擔心會不會太遲了，因為我們的大腦是終身學習的擁護者），否則大人和小孩兩個下層腦一起活蹦亂跳，天可能就要塌了。唯有幫助孩子上下層腦建立了溝通管道，才能打開孩子學習的大門，展開一生的學習。

每一位父母都希望自己能在孩子的起跑點上助他一「腿」之力，讓孩子順利地跑向人生勝利組；面對超級生物電腦的超強學習機制，如何給予符合需求的協助，考驗著嬰幼兒環境中的成人。

🌱 起跑點上沒有輸贏，只有環境裝備好了沒

如前所述，人類大腦的獨特在於它擁有一個有彈性和可塑性的皮質，能自動做記憶、整合、類比和預測等工作，它像一塊天賜的沃土，但需要用經驗來破土和耕耘才會開花結果。對於孩子而言，起跑點上只有基礎建設沒有輸贏，雖然有些孩子基礎建設有些小缺損，但皮質的彈性和可塑性可改善這些缺損。孩子天生會為自己的成長主動出擊，環境中的人、事、物都只是提供孩子形成經驗，最後能執行解釋或預測的裝備。以下簡單說

明這個裝備要如何對應皮質的功能和發展：

1. 好奇的探索是孩子的學習驅力，「自己發現」和「自己弄懂」天生就伴隨著快樂。Medina 認為這是一個直接回饋系統，必須讓孩子充分地滋養它，孩子長大後將發現學習會帶來快樂、優勢和自信（洪蘭譯，2009b）。這份滋養需要成人節制「要教會他、要保護他」的衝動，以免剝奪孩子創造自己「半成品」的機會和快樂學習的權利；成人還需要布置一個安全開放的自由探索空間，讓孩子的學習驅力不被壓抑而能發光發熱。

2. 嬰幼兒是透過感官經驗（由下而上的輸入）在皮質內建立了最初的世界模式（不同感官的神經細胞所連結的迴路），開啟了由上而下的解釋和預測機制，六個月大的嬰幼兒就能使用這個機制作為詞彙學習的基礎（林慧麗等譯，2013）。嬰幼兒最初的整個身體就像感覺接受器，敏銳且全然開放地接觸世界，把感官上接受到的刺激，直接轉為行動，是一種沒有目的的遊戲。隨著年齡增長，想像力出現在遊戲中，這是未來創造力得以發展的基礎。嬰幼兒就是透過遊戲感覺得以統合，這是皮質喜歡的方式，如果儲存越多可類比的神經迴路，就越能理解周遭環境和學習新事物。看來「玩耍」是童年唯一要做的事，而成人配合嬰幼兒愛玩的天性，一歲前要提供多感官的親子活動，配上溫柔的媽媽語或情境語，再加上快樂情緒的觸媒——音樂，便是皮質最給力的養分。當孩子會走路後，整個家就是他的遊戲場，最好的玩具是生活裡的小物或簡單、可操弄、可想像、可變化的玩具，想像力和創造力才能被誘發，成為學習能力發展的基石。

3. 真實世界是個有階層和結構的世界，不論是物件的特質、屬性，

還是語言的語音、句法，抑或是思想的產生、創造，都脫離不了階層和結構，因為皮質的階層設計和學習的方式，本來就是要與外在世界共舞，當我們找不到結構時，就必然會陷入困惑（洪蘭譯，2006）。

嬰幼兒認知的發展，根植於他注意到物體和事件的結構，並找出屬性的規則（分類），在不同的經驗下，發展出對此物體和事件的概念，最後才將語詞貼上去（林慧麗等譯，2013）。嬰幼兒在還不會說話前，小腦袋已儲存了許多世界的知識，這些知識對學習詞彙非常有幫助。嬰幼兒知道每個物件都有對應的詞彙（口語或手語），但怎麼把物件和詞彙連結？Pinker 認為嬰幼兒是用猜的，成人只要對著嬰幼兒說當下發生的事情（嬰幼兒和成人都關注的事），他的猜中率就很高（洪蘭譯，2015）。嬰幼兒並非亂猜，他從情境、表情、手勢、聲音去類比過去的經驗，經過多次驗證，最後便擁有了這個詞彙。嬰幼兒更厲害的是看著成人說話，就會把聲音和嘴型連結，然後自己玩起發聲練習，練著練著就說出有意義的話來（黃馨慧譯，2011）。

嬰幼兒建立物件與詞彙、聲音與嘴型連連看的本事，全是在生活情境中自然發生的，成人配合演出的就是要面對面的互動，因為臉部表情傳遞的資訊最多且有關愛的感覺，有利於嬰幼兒連連看的作業；其次要立刻回應嬰幼兒所發出的訊息（動作、表情、聲音），對於新的訊息要保留或修正既有經驗，這讓嬰幼兒有機會驗證自己的想法，同時也鼓勵嬰幼兒繼續表達想法，更重要的是，嬰幼兒最初的安全感和信任感，是建立在需求能得到成人立即回應的互動上。皮質上路不久，處理訊息的速度無法太快，成人耐心等待嬰幼兒每一次的回應，就是給皮質再次建構自己的機會。

記住！嬰幼兒學習語言最初的目的是為了溝通，詞彙的習得是建立在他既有的經驗和概念上，這些詞彙代表的概念，後面都有豐富的知覺迴路支撐著，迴路越茂密，擴展詞彙的速度就越快。及早選擇適合聽損嬰幼兒的溝通模式是非常重要的，對應皮質和外在世界的結構，溝通符號是重要的橋梁。

4. Lacoboni 指出嬰幼兒有樣學樣很會模仿，這是因為皮質內有模仿的神經細胞——鏡像神經元（洪蘭譯，2009a）。嬰幼兒透過模仿，從成人身上學習，也學習外在世界的知識，這是最原始的學習，也是與社會互動的開始，而且似乎也是最快可以理解身邊人、事、物的方法。Goswami認為模仿是嬰幼兒非常重要的學習工具，也是一種類比學習的形式（皮質每天都在做的事），從模仿中瞭解別人的內在感受，這是同理心發展和社會歸屬感的基礎（林慧麗等譯，2013）。嬰幼兒觀察入微，從外表行為到內在情感他都能模仿，成人是他最親密的樣板和教材，所以教養嬰幼兒之前，成人應先學習和調整自己成為理想的模仿楷模。

5. 皮質有強大的記憶功能，但不是隨便就可進入它的資料庫，進入的門票必須標記著有情緒／情感的、有意義的、重複練習過的、資料庫裡已有相似或相關的檔案，這是人類獨特的儲存方式（洪蘭譯，2009b），有別於機器人和計算機。皮質既有這樣的記憶特質，成人就要用討它歡喜的方式支援嬰幼兒的學習，如：嬰幼兒有興趣的、關注的、生活中常經驗到的。

6. 每個嬰幼兒都內建了學習驅力，那是自己主導學習的機制，要使用一輩子，成人不能干擾只能尊重並讚賞。嬰幼兒並不知道娑婆世界哪些是該學的，完全憑感覺行事，他總是用充滿情感的好奇心去注意他想關心的事，成人只能跟隨他並適時地給予語言和情

感的連結，嬰幼兒就會覺得安全、滿足，學習的驅力便源源不絕。嬰幼兒先天氣質和優勢能力（智慧）各有不同，啟動學習驅力的方式也不同。Robinson 和 Aronica 認為這個與生俱來的潛能，蘊藏著巨大的學習熱情，是點燃自信心和找到自己是誰的源頭，家長如預設立場，反而讓孩子遠離真正的天賦（謝凱蒂譯，2011）。如何幫助孩子與自己的天賦接軌，請參閱本書第六章。

7. 皮質為反映真實世界而生，只要跟真實世界有關的事就是有意義。對於來到世間不久的嬰幼兒，有意義的學習不是大道理、背誦的知識、沒有感受的說明解釋，而是每天生活裡能經驗到的人、事、物。成人最需要警覺的是自己只是協助角色，不要把嬰幼兒要表達的、要操作的都說完、做完。嬰幼兒需要用對話、自主運動的方式學習，成人要創造嬰幼兒重複練習的機會來穩固大腦的神經迴路，同時培養內在能力——意志力（鄧麗君、廖玉儀譯，2007）。意志力的養成，請參閱本書第三章。

8. 如前所述，大腦皮質時時都在用整合和類比的方式學習，當新的訊息進入時，皮質會在資料庫找出相似經驗的網路，結合新的訊息、新的學習成果，整合出新的網路（王秀園，2005）。這是一個高明又有效率的方法，成人在嬰幼兒學習新事物時不能心急，要耐心地引導孩子串連已具有的技能、認知和語言，讓孩子找到類比的規則，新概念的習得定能水到渠成。

　　嬰幼兒是天生的學習高手，在學習的歷程中成人只是提供支援的夥伴，僅能參與不能主導。也許家有聽損嬰幼兒的父母會擔心，大腦發展完全建立在感知覺經驗上，一旦有聽覺損傷，是否神奇的皮質就無法變魔術了？是否要用些特別的方法彌補損傷所造成的影響？

雖有聽覺損傷，仍是學習高手

聽覺系統對於口語的影響是直接而明顯的，而聲音語言是現實世界學習、溝通最方便的工具，這是不用投票就可以獲得普羅大眾的共識。為此，助聽科技做出了極大的貢獻：助聽器五花八門的功能試圖達成在各種環境下都能「聽清楚」的唯一目標；人工電子耳取代了耳蝸的功能，下一步取代聽神經的科技也正在成熟中。因為偉大的科研成果，人們有好長一段時間落入「開發聽覺潛能」就有好果子吃的迷思中，把聽損早期療育簡化為聽覺說話訓練。陳小娟教授（2016）摘要第 22 屆國際聾人教育會議，會議中 Marc Marschark 教授從自己的研究提出發人深省的問題：

1. 無論是透過手語或電子耳早期將語言輸入，雖能得到早期介入的優勢，但此優勢到了中學就不再顯著。如果是比較語言的能力，早期介入都會比較好，但如果是比較社交情緒、識字、學業表現，早期介入就不見得有較佳的結果。早期介入的優勢是什麼？優勢會持續多久？

2. 聾生透過教學技巧好的老師直接學習，或透過手語翻譯員學習，得到的成效相近，因此，瞭解聾生如何學習，比決定採用何種語言管道更為重要。但教學技巧好的老師究竟做了什麼？

3. 聾生在課堂中以手語或口語習得的結果，不會多於閱讀。認知和語言對學業的影響是什麼？

4. 透過流暢的手語或電子耳的不經意學習，並不足以提供這些學生在學校中需要的詞彙與知識。他們需要的是更多的學習還是不同的學習？

　　這些問題從大腦的運作機制可窺知一二。聽損問題長期以來（超過百年）都困在由下而上的迷思中，我們講求「輸入」的品質和效能，忽略了由上而下的重要，這條路徑科技幫不上忙，唯有教育。翻開聽損教育史，聽損學生的溝通方法有 14 種，概分為強調聽覺的、強調說話的、強調溝通的三種類型，過去認為解決了語言溝通問題，其他的教育、學業、情緒、社會適應等問題就迎刃而解了（林寶貴，2006）。然而研究卻得到令人訝異的結果，我們強調早期介入、強調語言溝通有什麼不對嗎？沒有不對！只是不瞭解大腦運作，以致置入了不適性的學習歷程。

　　Chopra 和 Tanzi 指出，新生兒一出生就懂得用溝通、保持平衡（吸收周遭人所發出的訊號，將自身的感受充分表達）、看見全貌（把世界視為一個整體）與世界互動。他用感官去察覺、想像；用情緒去感受、思考，把所有輸入的資料整合成真實的畫面，產生反應。這個發揮作用的回饋迴路一次整合了心智、身體與外在世界，這種整合能力嬰幼兒期擁有很多，成人反而會失去。如果將經驗切割成片段時，原有的整體就被打破了，會影響身心健康的發展（隋芃譯，2013）。聽覺損傷雖使大腦在整合訊息時，聲音有瑕疵或完全缺席，但大腦的可塑性和彈性極大，未能善用的聽覺皮質，會被用做他途，加強另一方面的能力或感覺運用（薛絢譯，2002）。也就是說整個大腦的運作機制不會改變，用對學習方法來提升整合和類比的能力，聽損嬰幼兒仍然是學習高手。

　　筆者相信每位聽損嬰幼兒的父母，都希望孩子會說話、情緒正向、適應良好、人際互動順暢、主動學習，而後面四個能力的重要性超過說話能力。聽損嬰幼兒的父母切記，嬰幼兒的發展是全面性的，如要成為嬰幼兒學習、溝通的稱職夥伴，就要先教育自己，除了用大腦知識改變「教會嬰幼兒」的觀念，還需要：瞭解聽損問題（見第二章）、學會維護嬰幼兒的聆聽品質（見第五章）、觀察嬰幼兒的起始能力（見第六章）、發現嬰幼

兒的先天氣質和優勢能力（見第六章）、調整自己的教養方式（見第三章、第四章和第七章）等，來增進自己做決定、提供協助、成為典範的能力。

單一聽覺損傷且戴上助聽器，或人工電子耳手術後聆聽能力佳的嬰幼兒，父母不需太過擔心，只要掌握本章所提的大腦學習原則，嬰幼兒的發展大多會如一般孩子一樣。但是如果嬰幼兒無法從助聽器或人工電子耳獲得足夠的幫助來學好口語，父母就要及早改變溝通的模式，這是極為重要的。因為溝通互動是嬰幼兒眾多天賦中，被用來設計和世界建立關係的重要能力，影響著後續心理、認知、語言、信念等發展（見第三章）。即使是聽覺損傷的嬰幼兒，出生後也會用回應、等待、輪替和成人互動，只是隨著年紀增長，他對世事的瞭解需要用更有結構的符號來表達和學習。透過符號才能使他腦中的小世界和外在的大世界有了結構性的連結，結構性的思考才能順利發展（李玉明譯，2006），有效學習也才能展開。再次提醒父母，即便選擇了非口語的溝通模式，嬰幼兒需要符合大腦運作的學習歷程是沒有改變的。

聽損嬰幼兒的父母也許會焦慮，理論知識的學習或許是容易的，但要怎麼將知識「類比」成實際的行動呢？

🌱 條條大路通羅馬的智慧整合聽語教學系統

Robinson 和 Aronica 指出，家長試圖幫助孩子，卻反而讓孩子更加遠離他們真正的天賦，這是因為家長認為孩子必須遵循傳統路線才能成功；他們同時也指出，教育是讓孩子不曾與自己天賦接軌的主要原因之一（謝凱蒂譯，2011），這真是一針見血的呼籲。世界改變得非常快，終身學習是必然的趨勢，天賦能讓學習熱情生生不息，它必須在幼小時被發現、被

尊重、被以對等的熱情回應。對於特殊嬰幼兒而言，如何學習的變革，比正常嬰幼兒還來得迫切。

　　婦聯聽障文教基金會所創立的「智慧整合聽語教學系統」，正是聽損療育的變革，它的基本信念是：教育的目的應是在引發孩子產生自動學習的內在能力；教育的結果應是發展出健康的自我形象和平衡的身、心、靈。此教學系統是在跨專業團隊服務模式下，提供聽損嬰幼兒生態環境中必要的支持，確保他們在安全快樂的學習氛圍中，有正向的情意發展；提供父母在教育聽損嬰幼兒所需的養育觀念、教學知能和情意輔導，使父母有能力處理聽損嬰幼兒在成長各階段可能的問題；強調嚴謹的聽力學管理，使聽損嬰幼兒能在最佳的聽覺環境中學習，使聽覺成為自然溝通的有效管道（管美玲，2012）。從名稱「整合」二字，就明示該系統是應用大腦科學為本的教學方式：依著大腦皮質發展所需，兩歲以下的嬰幼兒，強調在多感官的探索和親子活動中發展溝通；兩歲以上的嬰幼兒，則強調透過多元智慧的活動發展認知、豐富語言。因為在多元智慧的活動中，嬰幼兒一定有機會與自己的優勢智慧相遇，從中理解新的概念，然後「類比」到其他智慧的學習，最後才能習得概念的核心意義，而不是活動的表徵；它強調的是學習歷程，而不是結果。當孩子真正能掌握概念的核心意義時，才能「類比」到生活中，在生活中用自己的力量解決問題，他的自信和成就感便是一輩子都受用的學習驅力（簡子欣，2016）。

　　每一個人都至少有八種智慧（詳見第六章），這代表著學習至少有八種方法、八種通路，每個人優弱勢智慧的結構都不同，嬰幼兒會用他的方式展現，只要在他身邊的夥伴們不固執己見，容許孩子走自己的路，條條大路都能到羅馬。

融合是一種心靈的狀態，而非學習的模式

　　聽損嬰幼兒的父母都希望孩子的未來能在主流社會有「立足之力」，教育系統也非常重視融合教育，筆者認為融合是一種心靈的狀態，而非學習的模式。本章絮絮叨叨所闡述的內容，都圍繞著一個隱藏的主軸：嬰幼兒成長的樣貌，受生理的現況、心智的發展和自我的展現三者交互影響，只有在愛與尊重的環境中，孩子才能早早知道自己是誰、有怎樣的能力，未來也才能找到自己的價值，實現自己的夢想。這是生命歷程的最高境界，真正的與現實社會融合（這與溝通的模式無關）。成人是嬰幼兒生命歷程的重要參與者，如能把學習的責任還給孩子，孩子會找到他們生命的出口，成為一個為自己負責、為他人盡責，身心平衡的獨立個體。

參考文獻

王秀園（2005）。**學習大革命：善用腦子讀好書**。台北：宇宙光出版社。

李玉明（譯）（2006）。**心智簡史**（原作者：W. Calvin）。台北：久周文化（原著出版年：2004 年）。

林寶貴（2006）。**聽覺障礙教育理論與實務**。台北：五南圖書公司。

林慧麗、胡中凡、曹峰銘、黃啟泰、蔣文祁、簡惠玲（譯）（2013）。**認知發展——好學的大腦**（原作者：U. Goswami）。台北：雙葉書廊（原著出版年：2010 年）。

洪慈敏（譯）（2016）。**教養從跟孩子的情緒做朋友開始**（原作者：D. J. Siegel & T. P. Bryson）。台北：采實文化（原著出版年：2015 年）。

洪蘭（2015）。**大腦科學的教養常識**。台北：遠流出版公司。

洪蘭（譯）（2006）。**創智慧**（原作者：J. Hawkins & S. Blakeslee）。台北：遠流出版公司（原著出版年：2004 年）。

洪蘭（譯）（2009a）。**天生愛學樣**（原作者：M. Iacoboni）。台北：遠流出版公司（原著出版年：2008 年）。

洪蘭（譯）（2009b）。**大腦當家**（原作者：J. Medina）。台北：遠流出版公司（原著出版年：2008 年）。

洪蘭（譯）（2015）。**語言本能**（4 版）（原作者：S. Pinker）。台北：商周出版社（原著出版年：1994 年）。

陳小娟（2016）。第 22 屆國際聾人教育會議紀要。**特殊教育季刊，139**，27-34。

隋芃（譯）（2013）。**超腦零極限**（原作者：D. Chopra & R. E. Tanzi）。台北：橡實文化（原著出版年：2012 年）。

黃馨慧（譯）（2011）。**搖籃裡的科學家**（原作者：A. Gopnik, A. N. Meltzoff, & P. K. Kuhl）。台北：信誼基金出版社（原著出版年：1999 年）。

管美玲（2012）。智慧整合聽語教學系統。**聽語知音，25**，3-6。

鄧伯宸（譯）（2010）。**改變大腦的靈性力量**（原作者：A. Newberg & M.R. Wald-man）。台北：心靈工坊（原著出版年：2009年）。

鄧麗君、廖玉儀（譯）（2007）。**邁向健康的教育**（原作者：M. Glöckler, S. Langhammer, & C. Wiechert）。宜蘭：人智學教育基金會（原著出版年：2006年）。

謝凱蒂（譯）（2011）。**讓天賦自由**（二版）（原作者：K. Robinson & L. Aronica）。台北：天下遠見文化（原著出版年：2009年）。

薛絢（譯）（2002）。**小腦袋裡的秘密**（原作者：L. Eliot）。台北：新手父母。

簡子欣（2016）。智慧整合聽語教學系統——實務教學（學齡前嬰幼兒）篇。**聽語知音，29**，7-9。

鍾沛君（譯）（2011）。**大腦、演化、人**（原作者：M. Gazzaniga）。台北：貓頭鷹出版（原著出版年：2008年）。

鍾沛君（譯）（2014）。**人如何學會語言**（原作者：M. Arbib）。台北：商周出版社（原著出版年：2012年）。

② 聽懂是怎麼發生的？

莊鳳儀

聲音在我們的生活中扮演許多重要的角色，媽媽撫慰孩子的聲音、下雨滴答滴答的聲音、馬路上車水馬龍的聲音、有感染力的笑聲、輕快的旋律、沉重的節奏、活靈活現的演講、表達需要、交換想法的溝通等，我們的世界因為聲音變得生動且精彩。人類可以聽到的頻率範圍從 20 Hz～20 kHz，語音的頻率範圍則主要分布在 250～8,000 Hz。韻母及聲調的能量多在低頻率，大部分聲母的能量多在中高頻率及高頻率，這些聲音能量較小，卻在聽清楚語音信息上扮演重要角色（如：水藻 vs. 水草的區別）。人類的耳朵對語音相對重要的頻率（在 2,000～4,000 Hz）尤其敏感，這個巧妙的設計為的是加強聽取語音的能力。那麼，是怎樣的巧妙設計讓我們能聽到這些生動且精彩的聲音呢？

🌿 耳朵讓我們「聽到」聲音

耳朵讓我們聽到聲音，但聲音能上達天聽（大腦）卻不是一件容易的事；為了讓我們「聽到」的品質容不得一點閃失，聲音的傳送成了分工複雜的工程。簡單來說，聽覺系統分為包括外耳、中耳及內耳的周邊聽覺系

統，以及包括從內耳以上的耳蝸神經核、上橄欖複合體等神經核團，到大腦聽覺皮質的中樞聽覺系統。以下簡述聽覺系統處理聲音的分工。

外耳

外耳包括耳殼及外耳道。耳殼匯集聲波，將聲波導入外耳道使耳膜震動。耳殼及外耳道扮演類似共鳴器的功用，因為它們構造上的物理特性會產生共振效應，將不同頻率的聲波放大。當聲源在臉正前方 45 度角時，耳殼上的軟骨會使聲波在約 4,500～5,000 Hz 產生共振效應而增加約 10 分貝的音量；聲波經過外耳道的時候，也會因共振效應在 2,500 Hz 擴大約 10 分貝（Ballachanda, 1997; Shaw, 1974）。外耳的共振增益總和在 1,500～7,000 Hz 達到 15 至 20 分貝，放大了語音中重要的中高頻率，忽略低頻的聲音，也就是多數噪音的能量所在。簡單來說，外耳的作用就是一個天然降噪器，真是妙不可言！

中耳

耳膜之後是中耳；中耳是一充滿空氣的腔室，內有三個聽小骨、兩條肌肉及耳咽管。三個聽小骨形成聽小骨鏈，一端與耳膜連結，一端則與內耳連結。當聲波震動耳膜時，會帶動聽小骨運動，並將聲波的能量傳入充滿淋巴液的內耳。因空氣和水的介質特性不同，當聲波從空氣經過水時，會產生相對高的阻力，只有 0.1%的能量能傳入水中（Speaks, 1999）。同樣道理，當聲波從空氣中進入內耳淋巴液時，因阻力會產生約 22 至 30 分貝的能量損失（Bluestone, Simons, & Healy, 2014），這個損失靠中耳的構造所產生的機械原理（如：耳膜為向內凹的形狀、聽小骨的槓桿原理及耳膜與卵圓窗的面積比例），將聲音放大補償回來（如圖 2.1）。

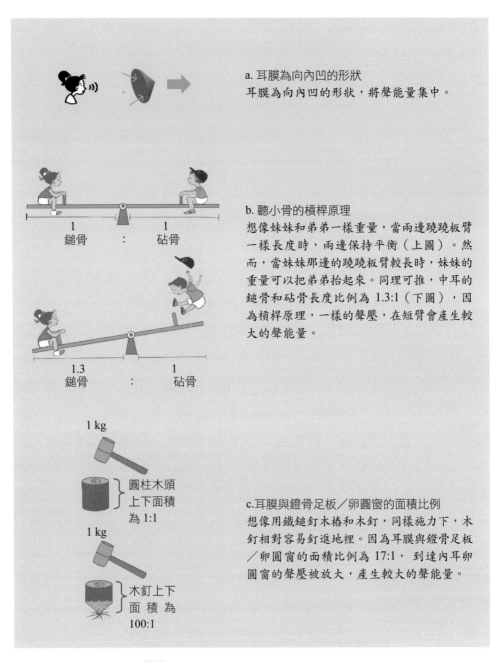

a. 耳膜為向內凹的形狀
耳膜為向內凹的形狀，將聲能量集中。

b. 聽小骨的槓桿原理
想像妹妹和弟弟一樣重量，當兩邊蹺蹺板臂一樣長度時，兩邊保持平衡（上圖）。然而，當妹妹那邊的蹺蹺板臂較長時，妹妹的重量可以把弟弟抬起來。同理可推，中耳的鎚骨和砧骨長度比例為 1.3:1（下圖），因為槓桿原理，一樣的聲壓，在短臂會產生較大的聲能量。

1
鎚骨　：　砧骨

1.3
鎚骨　：　砧骨

1 kg

圓柱木頭上下面積為 1:1

1 kg

c.耳膜與鐙骨足板／卵圓窗的面積比例
想像用鐵鎚釘木樁和木釘，同樣施力下，木釘相對容易釘進地裡。因為耳膜與鐙骨足板／卵圓窗的面積比例為 17:1，到達內耳卵圓窗的聲壓被放大，產生較大的聲能量。

木釘上下面積為 100:1

圖2.1　中耳的構造所產生的機械原理

　　除此之外，中耳腔內的鼓膜張肌（tensor tympani muscle）及鐙骨肌（stapedius muscle），分別連結在不同的聽小骨上。大音量的聲音（70～90 dB SL）會使這兩條肌肉收縮，減小聽小骨鏈運動，因而減少傳至內耳的聲波低頻能量，使低頻聲音不會遮蓋高頻語音訊息，間接提高語音清晰度；這也有降噪的作用。另外，鼓膜張肌及鐙骨肌會在發聲前、發聲時、打哈欠、打噴嚏及口腔咀嚼時收縮（Simmons & Beatty, 1962），減低我們自己說話和咀嚼食物時的聲音，使我們大喊時不會被自己的聲音嚇到；自己說話時也能聽到別人的聲音、吃飯時能和朋友聊天。

內耳

　　內耳包括了耳蝸、前庭及半規管。耳蝸為聽覺系統的一部分，前庭及半規管為平衡系統的一部分。耳蝸，英文為 cochlea，源於拉丁字「蝸牛殼」的意思，因為其外觀像蝸牛殼。耳蝸的圈數為兩圈半，裡面充滿了淋巴液。耳蝸外層是堅硬的骨質構造，又稱骨性迷路；骨性迷路內有膜性迷路，聽覺受器──「毛細胞」就坐落在膜性迷路中的基底膜（basilar membrane）上，依音調高低，從底部到頂部順序排列。每個毛細胞都有一對應某個頻率反應的特性〔又稱特徵頻率（characteristic frequency）〕，耳蝸底部毛細胞負責高頻音，頂部則負責低頻音。當聲波產生震動使內耳的淋巴液產生波動，基底膜便產生進行波（traveling wave），刺激相對應的毛細胞，產生神經衝動的電訊號（nerve impulses-electrical signal），經由聽神經傳遞到中樞聽覺系統。中樞聽覺系統有兩條路徑，分別是上行聽覺路徑（ascending auditory pathway）及下行聽覺路徑（descending auditory pathway）。

上行聽覺路徑

　　「上行聽覺路徑」是聽覺神經傳入通路，指的是當周邊聽覺系統將聲波依聲音的頻率高低、時間長短及強度大小特性轉變為神經訊號後，神經訊號經過聽神經到達位於腦幹到視丘的各個神經核，最終到達大腦的聽覺皮質（如圖 2.2）。就像我們有兩個耳朵、兩個眼睛一樣，神經核也分為左右兩側。當聲音經過各個神經核時，各個神經核多次地將同側（ipsilateral）及對側（contralateral）的神經訊號，依雙耳時間差（inter-aural time difference）及雙耳強度差（inter-aural level difference）的線索交換、分析、

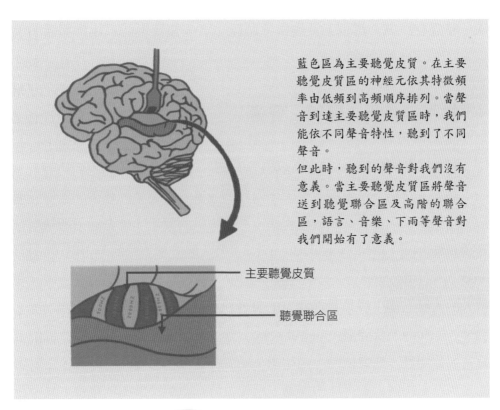

藍色區為主要聽覺皮質。在主要聽覺皮質區的神經元依其特微頻率由低頻到高頻順序排列。當聲音到達主要聽覺皮質區時，我們能依不同聲音特性，聽到了不同聲音。

但此時，聽到的聲音對我們沒有意義。當主要聽覺皮質區將聲音送到聽覺聯合區及高階的聯合區，語言、音樂、下雨等聲音對我們開始有了意義。

主要聽覺皮質

聽覺聯合區

圖2.2　大腦的聽覺皮質區

處理、編碼，這些是為聽覺中樞系統訊號處理做準備。當這些神經訊號到達主要聽覺皮質區（primary auditory cortex）並被解碼時，我們便聽到了聲音。

下行聽覺路徑

聲音經由上行路徑到達大腦聽覺皮質，使我們能聽到聲音。同時，有一相同路徑從大腦聽覺皮質向下傳出神經衝動的電訊號，經過各個神經核到達內耳，就是「下行聽覺路徑」。下行聽覺路徑是聽覺神經傳出通路，其功能是抑制不需要的聲訊號，以改善及調整大腦皮質以下（如：小腦、基底核、腦幹等）的訊號處理，使大腦能有效地處理訊息，如：噪音中聽取（察覺聲訊號、辨位）及選擇性聆聽（眾多聲音中能只注意想聽的聲音）（Suga et al., 2000）。

大腦讓我們「聽懂」聲音

聽覺系統的終點在大腦的主要聽覺皮質，然而此時我們聽到的聲音，如：語言、音樂及汽車喇叭聲等，對我們並不具有完整的意義。若要能理解話語意涵、感受音樂的放鬆輕快、汽車喇叭的警示，聲音必須繼續旅行到聽覺聯合區（auditory association area）及大腦其他高階的聯合區（higher order association area），如：理解、記憶、執行、判斷、情緒等區域。多數人的大腦右側主要負責非語言的聲音訊號處理，如：節奏（rhythm）、旋律（melody）及聲調（tone of voice）等，而大腦左側則是主要負責語言聲音訊號處理。在此同時，由超過 2 億個神經纖維組成的胼胝體，主要功能是將左右兩側大腦半球的運動、感覺及認知訊號交換處理整合，其中左右兩側聽覺皮質區的神經訊號，也是經由胼胝體傳遞及整合。

　　我們並不是只用單一感官認識世界：下雨時，能看見雨滴、聽見雨聲、聞到雨的味道、感受到濕氣，是因為我們的大腦將各個感官資訊整理統合，豐富我們內心對外面世界的認識，並根據個人經驗建構內心獨特的世界。從大腦皮質下區域（subcortical area）到大腦特定感覺皮質區（sensory-specific cortical area）、高階聯合區及胼胝體，這些區域同時接收不同的感官訊息（Heeringa, Wu, & Shore, 2018; Macaluso, 2006），並將各個感官知覺整合、歸類，同時執行多種知覺感覺統合、做出合理的解釋和決定，如：視覺聽覺相互影響的麥格克效應（McGurk Effect），當眼睛看到影片中說話者的嘴型是「ba-ba-ba」，但是耳朵聽到的是「ga-ga-ga」的聲音，大腦將視覺（嘴型）及聽覺訊息（音節）整合，做出合理的解釋（ba的嘴型不可能發出 ga 的聲音），於是我們主觀地覺得聽到「da-da-da」的聲音。總結來說，大腦中對任何一個環境刺激（聲音、影像、味道）的感受或解讀，都不是來自單一感覺器官的資訊，而是結合多個感官資訊，依比重不同、優先順序做出反應。大腦如何處理感覺器官輸入的訊息呢？心理學家用「由下而上的訊息處理」及「由上而下的訊息處理」，來解釋大腦如何處理感官輸入的訊息並做出反應。下面以聽理解的產生來說明這兩種方式的訊息處理。

由下而上的訊息處理

　　Gibson（1966）提出大腦由下而上的訊息處理（bottom-up processing；周邊感覺系統至中樞系統）是以資料主導。以聽到語音訊息舉例來說，由下而上的訊息處理指的是，周邊聽覺系統將訊號輸入聽覺中樞後產生聽知覺，將聽到的音素組成一串音節。此時，語音訊息不只留在和語言理解相關的顳葉、頂葉及額葉，其他非語言的聲音訊息，如：音調、節奏等，也不只停在右側顳葉，這些訊息經由胼胝體傳遞而整合，使一樣的音素帶有

不同的意義（如：媽、麻）。聽到聲音後，還需要有詞彙、字義檢索、文法解析、語意分析、記憶提取，才有了聽理解。此時，聲訊號被送到其他大腦相關區域，如：和情緒相關的邊緣系統（limbic system），以及和記憶相關的海馬迴、額葉、顳葉、頂葉及枕葉，和執行及計畫相關的額葉區域後，我們聽見的聲音及語音才有了意義和情緒，甚至在腦海中想像的情景（mind's eye），最後大腦將這些訊息整合、歸類，並做出預測及反應。舉例來說，在生活中當我們被要求精確複誦一句不熟悉的非洲斯瓦希里語（Swahili）「Tunawatakieninyote neema ya Bwana wetu Yesu Kristo」，我們會聚精會神地專注細聽每一個音節，此時便會使用大量的由下而上訊息處理策略。

由上而下的訊息處理

Gregory（1970）提出大腦由上而下的訊息處理（top-down processing；使用高階認知系統對收到的感官訊息做出推論）是以經驗主導。以聽到語音訊息舉例來說，由上而下的訊息處理指的是，聽者使用上下文、文字規則、對主題的知識、對說話者的瞭解等已有的知識及經驗，將不清楚的聲訊號補起來，做出推論並反應。Richard Warren（1970）的實驗中提出的音素修復作用（phonemic restoration effect），是一種典型的由上而下訊息處理策略。Warren發現當他把句子中legislatures第一個「s」以咳嗽聲取代，並將句子重複且錄製成音檔，要求 20 名受試者指出咳嗽聲出現在句子的哪一個地方，其中 19 名受試者未發現咳嗽聲，另一位辨認錯誤。大腦會依據已有的知識做出推論，自動填滿漏掉的音素，完成符合期望的句子。這樣的自動機制，使我們處在聲音訊號不佳的情境中，也能「猜出」說話者想傳遞的意思。

在每天的生活中，我們同時使用「由上而下」及「由下而上」的訊息

處理策略來做出反應及判斷（Mattys, White, & Melhorn, 2005）。隨著感覺訊號清晰度、熟悉度和意圖，我們使用不同比率的由上而下及由下而上訊息處理策略。在大腦做出推論預測同時，隨著陸續接收到的感覺訊號，記憶（包括文字、非文字、情緒等）提取，在毫秒間，大腦不斷修正預測並調整使用策略的比率，最後做出「合理」的反應。

　　聽知覺在跨感官經驗中扮演的角色有哪些呢？聽知覺除了對語音察覺、語言學習相當重要，對聲源辨識、語音辨識及建立聲音與物件／事件的關聯和預測也很重要（Mandel, Jusczyk, & Pisoni, 1995; Perone et al., 2008）。早在嬰兒 6.5 個月大的時候，聲音線索使嬰兒在黑暗中較容易找到物件（Shinskey, 2008）。10 個月大的嬰兒在尋找被移位的玩具時，比起沒有聲音的玩具，他們較容易成功找到有聲音的玩具。在跨感官經驗累積中，聽知覺有助於瞭解物體表徵（object representation）、減少記憶負載及較能集中注意力（Shinskey, 2016）。嬰幼兒的行為一致地顯出他們對聽訊號的興趣與注意，聽訊號包括聽到的語音、他們和人／事／物互動時所獲得的聽回饋，以及他們自己的發聲變化（Fagan & Pisoni, 2009）。嬰兒會用嘴、嘴唇、舌頭探索物件（mouthing），而這樣的行為會在 6 至 9 個月達到高峰，並在 9.5 至 15.5 個月時慢慢減少。研究觀察發現，嬰兒用嘴探索物件和發聲（vocalization）的發展時期相似，嬰兒在用嘴探索物件同時發出不同聲母的聲音，因此推論嬰兒用嘴探索物件可能和發聲發展相關（Elbers, 1982; Fagan & Lverson, 2007）。嬰兒注意不同的聲音，和人、物件互動產生的聲音回饋，都能提供嬰兒多重感官經驗的累積，以建立不同聲音和不同人、事、物的因果關係（Piaget, 1952; Ruff et al., 1992）。

🌱 聽覺損傷對聲音處理的影響

聽力正常嬰幼兒的語音知覺經驗，主要來自聲音訊號及視覺訊號。聽損嬰幼兒因聽覺經驗剝奪，除了影響聽語發展，若無適當溝通模式介入，認知發展也會受到限制。台灣自 2012 年開始全面實施新生兒聽力篩檢，並致力於 3 個月大時確診、6 個月積極介入的目標，期望減少聽損嬰幼兒聽覺經驗剝奪的程度。然而輔具的介入，畢竟不能完全取代人類精密細緻的聽覺系統解析聲音的能力，以下就依不同類型聽覺損傷說明對聲音解析的影響。

☾傳導型聽損

傳導型聽損發生在外耳及中耳的構造或功能異常，使聲音無法有效地從外耳經過中耳到達內耳，因而聽到的聲音變小聲；但因內耳功能並未受到影響，內耳仍然可以依聲音的頻率及時間特性做精細的處理。此種聽損通常可以藉由藥物或手術改善，即使醫療無法改善聽損，配戴助聽輔具也常有不錯的效果。

☾感音型聽損

感音型聽損受損的部位是內耳，是最常見的永久性聽損類型，因內耳受損而造成下列聲音處理的問題，使聲音聽起來不清楚：

1. 聽覺敏感度下降：感音型聽損的人需要較大聲的音量才能聽到，而助聽器的任務便是將聲音適當地放大；戴上助聽器雖能聽到聲音，但是否聽得清楚，要看內耳毛細胞受損的程度而定。

2. 聽覺動態範圍變小：感音型聽損的人聽到最小的音量到不舒適音量的範圍，比一般正常聽力的人小。舉例來說，正常聽力的小明在 1,000 Hz 的聽力閾值為 0 分貝，1,000 Hz 不舒適音量為 95 分貝，則小明在 1,000 Hz 的聽覺動態範圍為 95 分貝。而感音型聽損的小美在 1,000 Hz 的聽力閾值為 50 分貝，1,000 Hz 不舒適音量為 95 分貝，則小美在 1,000 Hz 的聽覺動態範圍為 45 分貝。小明和小美聽到最小聲和最大聲的感受相同，但音量變化的感受卻大不相同。助聽器只能先將聲音壓縮到小美的聽覺動態範圍內，小美才能舒服地聽聲音，但外界的聲音隨時都在變化，助聽器是否能即時反應、時時在壓縮聲音，都會影響聲音的品質。

3. 頻率解析度變差，正常內耳的聽覺受器就像是一個個細窄的濾波器，這一個個細窄的濾波器只讓特定頻率的聲音通過。當語音與噪音同時存在時，感音型聽損的內耳因為外毛細胞受損，對聲音頻率的敏感度降低，就像濾波器變寬了，無法分開語音與噪音的頻率，而將聲音一同傳入聽覺中樞，導致語音清晰度降低，大腦聽到的聲音便是模糊的。隨著聽損程度增加，頻率解析度相對下降，當聽損到達一定程度時，即使沒有噪音干擾，低頻音量韻母（如：ㄚ、ㄨ）也可能遮蔽音量相對較小的聲母（如：ㄏ、ㄗ）。

4. 助聽器的功能是將聲音放大，但無法恢復已受損的聽覺受器（將寬的濾波器變窄）。此外，就算是一般正常聽力的內耳聽覺受器，也會在大音量時短暫失去精細頻率的解析能力（如：參加完演唱會回家後，聽聲音覺得模糊）。當重度以上聽損的內耳已經失去一定程度的頻率解析能力時，助聽器再將聲音放大，進而又再失去一些頻率解析度，導致語音清晰度降低。此時人工電子耳可取代毛細胞功能，直接傳送電訊號到聽神經，將較清晰的語音傳入

聽覺中樞。然而電子耳電流刺激（current spread）和電極與耳蝸低頻高頻分布位置不吻合（Golub et al., 2012），在聲調辨別（二聲及三聲）及音樂欣賞上受限，無法取代人類精緻的聽覺受器所提供的頻率解析處理功能。

5. 時間解析度變差，感音型聽損內耳需要較長時間處理聲音在時間中的變化，因此會漏掉聲音在時間中快速變化的線索。舉例來說，語詞「挖土」（ㄨㄚ　ㄊㄨˇ），ㄊ為較小聲且時間較短的聲母，ㄨ和ㄚ為較大聲的韻母，正常功能聽覺受器可以快速處理時間中大小聲聲音變化，從而聽清楚ㄨㄚ　ㄊㄨˇ。但感音型聽損因為時間解析能力變差，大聲的韻母ㄚ遮蓋隨後小聲的聲母ㄊ，聽到的則是ㄨㄚ　ㄊㄨˇ。生活中充滿各樣噪音，正常功能的內耳可以在噪音較小的時間片段中，快速提取有用的語音訊息，但感音型聽損因時間解析能力變差，在噪音環境中聽取便有困難。助聽器雖能快速反應壓縮，盡量避免前面大聲音素遮蓋後面較小聲、較短的音素，其效果仍然有限。目前電子耳使用語言處理技術時序包絡（temporal envelope），提供足夠訊息可使大腦處理語音，但這種處理方式因缺少語音中細緻結構（fine structure）的時序頻率線索，致使噪音中聽取仍有困難（Golub et al., 2012）。

混合型聽損

感音型聽損和傳導型聽損同時發生時，稱為混合型聽損。傳導型聽損或感音型聽損都有可能發展成混合型聽損。如：未治療的慢性中耳炎，可能導致內耳毛細胞受損而變成混合型聽損；感音型聽損也可能因為中耳積水形成混合型聽損。

聽神經病變譜系異常

聽神經病變譜系異常（Auditory Neuropathy Spectrum Disorder, ANSD）指的是一群符合臨床特殊聽力學診斷結果的族群：正常的外毛細胞功能，但卻有異常的聽性腦幹反應。一般認為患者的外毛細胞收到聲音並將聲訊號正常地放大，但因為傳輸線路的問題，使聲訊號未能同步及完整地傳送到聽覺中樞，因而影響聲音的接收品質。這段傳輸過程可能出現問題的地方包括：(1)內毛細胞；(2)內毛細胞和聽神經突觸交接處；(3)聽神經樹突（無髓鞘神經樹突）；(4)螺旋神經節；(5)聽神經軸突（聽神經細小或發育不良）（如圖 2.3）。

造成聽神經病變譜系異常的原因可以是遺傳的或後天獲得的。國人常見的 ANSD 遺傳變異基因為 OTOF，後天因素則多因新生兒缺氧早產或需換血治療的重度高膽紅素。聽神經病變譜系異常的症狀，依受損位置及受損程度不同而有不一樣的臨床表現，包括：(1)噪音聽取困難；(2)聽力波動；(3)聽損程度和預期的字詞辨識能力不符。

聽力損失程度和聽神經病變譜系異常嚴重程度沒有絕對關係。有些人聽力在正常範圍但因異常程度嚴重，致使語言發展嚴重遲緩；有些人雖有聽損，但因異常程度不嚴重，仍有不錯的語言發展。因受損位置不同，同樣重度至極重度聽損的孩童使用電子耳的效益也會有所不同。

聽覺中樞處理異常

聽覺中樞有保留、分析、調整、微調、整理、整合、解讀從周邊聽覺系統送上來聲訊號的功能。處理工作包括有聽覺辨別（auditory discrimination），如：分辨「早」和「草」；聽覺訊息時間處理（temporal processing），如理解語速快的句子；在回響音環境中聽懂語言，辨別不同節奏

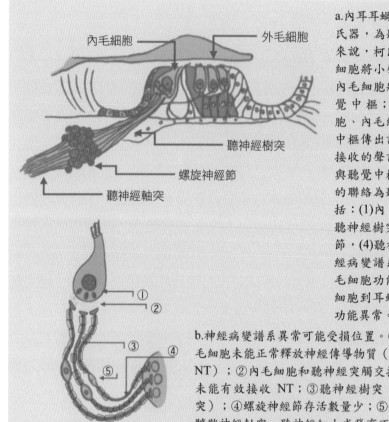

a.內耳耳蝸內基底膜上的柯氏器，為聽覺受器。簡單來說，柯氏器內中的外毛細胞將小聲聲訊號放大，內毛細胞將聲訊號傳入聽覺中樞；同時，外毛細胞、內毛細胞也接受聽覺中樞傳出訊號以調整正在接收的聲訊號。聽覺受器與聽覺中樞的傳入及傳出的聯絡為聽神經，路徑包括：(1)內、外毛細胞，(2)聽神經樹突，(3)螺旋神經節，(4)聽神經軸突。聽神經病變譜系異常患者的外毛細胞功能正常，而內毛細胞到耳蝸神經核的傳輸功能異常。

b.神經病變譜系異常可能受損位置。①內毛細胞：內毛細胞未能正常釋放神經傳導物質（neurotransmitter, NT）；②內毛細胞和聽神經突觸交接處：神經突觸未能有效接收 NT；③聽神經樹突（無髓鞘神經樹突）；④螺旋神經節存活數量少；⑤聽神經軸突（無髓鞘神經軸突、聽神經細小或發育不良）。

圖2.3　髓鞘前與髓鞘後聽訊號傳導

旋律；噪音中聽取及雙耳訊息處理（binaural processing），如聲源定位與辨位。美國聽語學會（American Speech-Language-Hearing Association, 2005）定義聽覺中樞處理異常為：中樞系統未能有效率及有效能地使用聽覺訊息。由於聽覺中樞範圍太廣且同時負責記憶、注意力、語言等其他功能，為避免和其他中樞異常混淆，聽覺中樞處理異常（Central Auditory Processing Disorder）是指聽覺缺陷，而非由其他高階認知、語言或其他缺陷

所導致（如：過動症、自閉症、語言障礙等）。然而，聽覺中樞處理異常可能造成高階語言、學習及溝通功能異常；聽覺中樞處理異常也有可能與過動症、自閉症、語言障礙等其他障礙同時存在，致使鑑別診斷更加困難。

　　臨床上聽覺中樞處理異常者通常聽力和智力在正常範圍，但在噪音及回響環境下產生理解語音困難，無法專注或完成複雜指令。有周邊聽力損失的人亦可能同時併有聽覺中樞處理異常。

　　以貝里斯／費瑞模式（The Bellis/Ferre Model）（Bellis, 1996）主要型態分類舉例，說明中樞聽覺處理異常對聲音處理的影響：

- 聽知覺解碼缺陷（Auditory Decoding Deficit）：與左側主要聽覺皮質區功能異常有關。對讀／寫、拼音、學習單字有困難；語音聽辨困難（相似語音，如：跑／飽）；噪音中聽取困難。

- 韻律缺陷（Prosodic Deficit）：與右側非主要聽覺皮質及聯合區域有關。對溝通意圖判斷困難；對幽默、諷刺理解困難；運用音韻、聲調、節奏困難；語調單一。

- 整合性缺陷（Integration Deficit）：與胼胝體有關。對讀／寫、拼音、學習單字有困難；噪音中聽取困難；工作記憶不佳；音樂能力弱。

- 聽覺相關缺陷（Associate Deficit）：與左腦皮質有關。對理解字義、詞義或句義有困難，無法瞭解文法複雜的句子，讀文章時會出現有讀沒有懂。

- 組織輸出缺陷（Output-Organization Deficit）：與顳葉到額葉或傳出神經系統有關，噪音中聽取困難、表達語言困難、字詞提取困難；說話時構音及文法出現錯誤。

　　目前幫助有中樞聽覺處理異常的方法有減少噪音干擾（如：使用調頻／遠距麥克風系統及教室座位調整……等）、適時請老師或同學幫忙（如：借筆記、先預習課程內容）及因應學童的中樞聽覺異常缺陷所設計的聽覺

策略／技巧課程。

🌱 如何幫助聽損嬰幼兒「聽懂聲音」

　　聽損類型、聽損程度及聽覺剝奪時間，造成不同程度聲音訊號失真，因而影響聽知覺、跨感官經驗累積及訊息處理。如前所述，聽力正常嬰幼兒的語音知覺經驗，來自聲音訊號及視覺訊號。然而重度以上聽損嬰幼兒無法獲取大部分的聲音訊號，他們的語音知覺經驗主要來自視覺訊號（Fagan & Pisoni, 2009），因而大腦中的跨感官資訊處理路徑，也會與聽力正常孩童有所不同。嬰幼兒神經及認知發展時期的聽覺經驗剝奪，會造成中樞聽覺系統重組（reorganization），早期電子耳植入可藉著神經可塑性重建聽覺能力。雖然電子耳所提供的聲音訊號品質不如健康的耳蝸，但仍能幫助多數聽損幼兒在語言發展上有顯著的效益（Schauwers et al., 2004）。研究指出，幼兒在三歲前接受電子耳植入，中樞聽覺皮質反應通常能與聽力正常兒童相似（Sharma, Dorman, & Spahr, 2002）。早期植入電子耳的幼兒獲得視聽知覺整合效益，相似於聽力正常兒童，隨植入電子耳年齡增長，視聽知覺整合效益越受限（Stevenson et al., 2017）。植入電子耳較晚的幼兒雖然能發展出較佳的讀唇技巧，然而在語音知覺測驗中，他們會依賴早期視覺經驗（使用視覺線索比重高於聽覺線索），即使植入電子耳後，他們也未能有效整合視覺與聽覺知覺（Bergeson, Pisoni, & Davis, 2005）。

　　目前國內聽損早療致力於改善由下而上的訊息處理輔助，如：輔具選配、聽力學管理、聽覺技巧訓練、語言輸入、學習環境調整等。然而輔具不能和健康的聽覺系統相比，若能在加強聽覺補償的同時，提供對聽損嬰幼兒由上而下訊息處理的輔助，可建立嬰幼兒豐富的感知覺經驗及知識，使認知發展最佳化，將以往缺少的聽知覺經驗加入跨感官經驗並整合，給

予原有的各個知覺經驗新的面貌。總結來說，豐富的跨感官經驗，能提供大腦更完整的資料檢索；即使輔具不能提供清晰的聲訊號，大腦也能利用綿密的神經網路拼出訊息的內容。

參考文獻

American Speech-Language-Hearing Association. (2005). *Central auditory processing disorder* (Practice Portal). Retrieved from http://www.asha.org/Practice-Portal/Clinical-Topics/Central-Auditory-Processing-Disorder/

Ballachanda, B. B. (1997). Theoretical and applied external ear acoustics. *J Am Acad Audiol, 8*(6), 411-420.

Bellis, T. J. (1996). *Assessment and management of central auditory processing disorders in the educational setting: From science to practice.* San Diego, CA: Singular Publishing Group.

Bergeson, T. R., Pisoni, D. B., & Davis, R. A. (2005). Development of audiovisual comprehension skills in prelingually deaf children with cochlear implants. *Ear and Hearing, 26*(2), 149-164.

Bluestone, C. D., Simons, J. P., & Healy, G. B. (2014). Physical and physiological bases of hearing. In *Bluestone and Stool's: Pediatric otolaryngology* (pp. 274-275). Shelton, CT: Peoples Medical Publishing House-USA.

Elbers, L. (1982). Operating principles in repetitive babbling: A cognitive continuity approach. *Cognition, 12*(1), 45-63.

Fagan, M. K., & Lverson, J. M. (2007). The influence of mouthing on infant vocalization. *Infancy, 11*(2), 191-202.

Fagan, M. K., & Pisoni, D. B. (2009). Perspectives on multisensory experience and cognitive development in infants with cochlear implants. *Scandinavian Journal of Psychology, 50*, 457-462.

Gibson, J. J. (1966). *The senses considered as perceptual systems.* Boston, MA: Houghton Mifflin Co.

Golub, J. S., Won, J. H., Drennan, W. R., Worman, T. D., & Rubinstein, J. T. (2012).

Spectral and temporal measures in hybrid cochlear implant users: On the mechanism of electroacoustic hearing benefits. *Otology & Neurotology*, *33*(2), 147-153.

Gregory, R. (1970). *The intelligent eye*. London: Weidenfeld and Nicolson.

Heeringa, A. N., Wu, C., & Shore, S. E. (2018). Multisensory integration enhances temporal coding in ventral cochlear nucleus bushy cells. *J Neurosci*, *38*(11), 2832-2843.

Macaluso E. (2006). Multisensory processing in sensory-specific cortical areas. *The Neuroscientist*, *12*, 327-338.

Mandel, D. R., Jusczyk, P. W., & Pisoni, D. B. (1995). Infants recognition of the sound patterns of their own names. *Psychological Science*, *6*(5), 314-317.

Mattys, S. L., White, L., & Melhorn, J. F. (2005). Integration of multiple speech segmentation cues: A hierarchical framework. *Journal of Experimental Psychology: General*, *134*(4), 477-500.

Perone, S., Madole, K. L., Ross-Sheehy, S., Carey, M., & Oakes, L. M. (2008). The relation between infants activity with objects and attention to object appearance. *Developmental Psychology*, *44*(5), 1242-1248.

Piaget J. (1952). *The origins of intelligence in children*. New York: International Universities Press.

Ruff, H. A., Saltarelli, L. M., Capozzoli, M., & Dubiner, K. (1992). The differentiation of activity in infants exploration of objects. *Developmental Psychology*, *28*(5), 851-861.

Schauwers, K., Gillis, S., Daemers, K., Beukelaer, C. D., Ceulaer, G. D., Yperman, M., & Govaerts, P. J. (2004). Normal hearing and language development in a deaf-born child. *Otology & Neurotology*, *25*(6), 924-929.

Sharma, A., Dorman, M. F., & Spahr, A. J. (2002). A sensitive period for the development of the central auditory system in children with cochlear implants: Implications for age of implantation. *Ear and Hearing, 23*(6), 532-539.

Shaw, E. A. G. (1974). Transformation of sound pressure level from the free field to the eardrum in the horizontal plane. *The Journal of the Acoustical Society of America, 56,* 1848-1860.

Shinskey, J. L. (2008). The sound of darkness: Why do auditory cues aid infants' search for objects hidden by darkness but not by visible occluders? *Developmental Psychology, 44*(6), 1715-1725.

Shinskey, J. L. (2016). Sound effects: Multimodal input helps infants find displaced objects. *British Journal of Developmental Psychology, 35,* 317-333. doi:10.1111/bjdp.12165

Simmons, F. B., & Beatty, D. L. (1962). A theory of middle ear muscle function at moderate sound levels. *Science, 138,* 590-592.

Speaks, C. E. (1999). Room acoustics. In *Introduction to sound: Acoustics for the hearing and speech sciences* (p. 331). San Diego, CA: Singular Publishing Group.

Stevenson R. A., Sheffield S. W., Butera I. M., Gifford R. H., & Wallace M. T., (2017). Multisensory integration in cochlear implant recipients. *Ear Hear, 38*(5), 521-538.

Suga, N., Gao, E., Zhang, Y., Ma, X., & Olsen, J. F. (2000). The corticofugal system for hearing: Recent progress. *PNAS, 97*(22), 11807-11814.

Warren, R. M. (1970). Perceptual restoration of missing speech sounds. *Science, 167* (3917), 392-393.

③

一切都是從溝通開始的

管美玲

　　新生兒聽力篩檢全面實施後，對聽損教育產生巨大的衝擊。面對出生第二天就被懷疑有聽損的新生兒，不論是聽損確診的過程、聽語諮詢的內容、早期介入的模式還是家庭支持等服務，都與較大聽損幼兒截然不同；縱使已有幾十年從事三歲以上聽損學生研究和教學經驗者，仍然無法由此類推聽損嬰幼兒的服務。

　　在聽損領域裡，有關「早期介入」的研究，多是與語言發展有關，結果都是越早介入語言發展越好，甚至與同儕沒有落差。家有聽損嬰幼兒的父母，本就直覺地將「聽」和「語」的發展連結，這些研究結果激勵了父母對聽損嬰幼兒聽語發展有積極的作為。但最新的研究又提醒我們，早期的語言能力不等於長大後的社交和學業能力（見第一章），那麼，對於聽損嬰幼兒除了關注他的語言發展，還需及早注意什麼？

　　在早期療育的領域中，「早期介入」的短期目標是發展性的，如：生理、心理、語言、動作協調等，終極目標是社會適應（盧明、柯秋雪、曾淑賢、林秀錦，2013）；社會適應需要具備三種能力：學習能力、社交能力和情緒調節能力，這些能力從出生後就隨著發展的歷程逐漸形成。嬰幼兒的發展複雜且多面向、多層次，是遺傳與環境相互影響的結果，我們已

知新生兒是帶著許多能力來到世界，如果最終要能適應這世界、知道自己是誰以及能達到自我實現，這中間的發展藍圖應是什麼？父母要如何協助嬰幼兒完成這張生命藍圖？過去我們一直陷在基因決定一切的觀念裡，知名的細胞生物學家Lipton從研究中發現基因只是反映出天生的潛能而不是命運，潛能被引發的關鍵在父母所提供的環境。父母的行為和態度會影響孩子的生理和心理，尤其是潛意識心智，設定在潛意識裡的限制，將是嬰幼兒長大後實現自我最大的障礙（傅馨芳譯，2016）。

大腦的運作是社會性的，會不停地尋求與人互動，從中瞭解別人的動機，並學習自己的因應之道（洪蘭，2015a），所以嬰兒出生的第一天，就以哭聲開始學習與人溝通，期待成人開啟他適應新環境的各種能力。一切能力的發展都是從溝通開始的，而外顯能力的展現受下列所述內隱能力的牽制。

🌱 信任的關係與安全的感覺是發展、學習的力量

嬰幼兒是在發展成熟的順序中展開他的天賦，生理和心理成長所需的養分，是藏在與人互動的關係中（白亦方等譯，2010），而嬰兒最初始的學習，就是人際關係的學習，而且還是雙向溝通的主導者。此時父母專注地、耐心地和嬰兒互動，對正在發育的大腦，神經活化得最旺盛（洪蘭，2015a）；人際關係也是影響基因表現的最重要經驗（傅馨芳譯，2016），往後學習能力的展現，也是取決於人際關係。嬰幼兒的學習是靠成人的回應，才知道自己的假設對不對，生活裡各種活動中，親子自然的對話式互動，是很有效的內隱學習方式；如果沒有父母的回應，孩子天生的好奇心就會漸漸減弱，而好奇心是學習的原動力，這種不自覺、內隱的態度，會影響 IQ 和學業成績（洪蘭，2015a）。

　　嬰兒是天生的外交家，礙於能力有限，他仍會努力地用表情、聲音和動作傳達需求，這時父母能給予立即且正向的回應，便能滿足嬰兒生理和心理的需求，如：哭泣時，被以關愛的聲音和動作來撫慰、餵食、換尿布，讓嬰兒相信周遭世界是安全的，嬰兒就能學會信任（楊曉苓、段慧瑩、陳芃薰，2007），當嬰兒和父母建立了牢固的依附連結，便有了讓他成為快樂人的安全感。

　　聽損嬰幼兒的父母常有一個迷思──聽損孩子需要比正常孩子更多的聆聽機會，才能補償聽損的不足。因此只要孩子張開眼睛，便以喋喋不休的方式輸入語言，不給孩子回應的機會，孩子萬般無奈卻無力抗議。其實，聆聽最需要的是品質，而溝通是親子一來一往的雙向互動，是在情境中自然發生的。溝通的雙方，專注在對方訊息的傳遞，嬰幼兒此時的聆聽結合了其他感官的資訊，很容易掌握父母的意思，做出適切的反應，逗得父母心花怒放，繼續你來我往地纏綿下去。想想看，一個眼神的交會、一個微笑的回應、一個聲音的表達、一個動作的呵護，就能心領神會地明白彼此心意，它觸動的是心靈，存在的是信任和安全。事實上，親子最初的溝通不在語意的學習，而在情感的交流和關係的建立；嬰兒天生就能從表情、聲調、動作瞭解說話者的意圖，詞彙對溝通的重要性僅占 7%（Mehrabian, 1971）。聽損父母在此階段最需要做的就是在規律的生活中，讓孩子感覺被接納、被支持，讓孩子對人和環境有期待且期望能夠實現；用自然的溝通模式互動，幫助孩子發展出信任、安全的依附關係，才能帶出健康的情緒和正向的人生觀（洪蘭，2015b），為下一階段的發展與學習做好身心的準備。

自信心源於自主獨立的能力

　　自主獨立是出自意願和經過自由選擇的舉動，是對自己力量的一種感覺，感覺自己有能力（楊曉苓等，2007），這是一個認識自我的重要感覺。張玲芬教授（2009）認為，自主獨立的外顯行為包括動作協調、語言發展和自我意志的形成，幼兒能獨立操作是自我確認的途徑。嬰兒從反射性的動作精進到有目的的動作，是由心智引發好奇，驅動肢體在環境中探索；一旦發現了新的祕密，立即回饋給大腦，修正過去的經驗，整合出新的神經迴路，讓身體充分地掌握環境，這就是發展和學習的行動歷程，最重要的是能觸發內在的成長（陳文德，2003）。父母依嬰幼兒的發展，適當地操弄他們的身體，有助於感覺的統合、智慧的啟發和情緒的調適（見第七章）。大腦內建的語言學習機制，是要透過互動式的對話和豐富的感官經驗來學習，語言的品質又關係著智慧的發展，讀者可參考第四章和第七章，瞭解成人該如何成為嬰幼兒語言發展的好夥伴。

　　意志力的培養較少學者提及，張玲芬教授（2009）強調意志力在嬰幼兒自我建構上的重要性，它是選擇行為的一種能力，是一種正面力量，能夠堅持將事情專心完成，讓幼兒的行為不是只被「本能」決定。Siegel 和 Bryson指出堅持的意志需要專注力和自我控制力才能達成，專注能改變行為、重塑大腦，「學習」發生在專注於某件事中（周玥、李碩譯，2016），自信心則是在成功獨立完成一件事的經驗中建立的，是幼兒自主獨立階段中要激發出的內在能力。張玲芬教授建議讓幼兒有相當的自由做有意義的活動；在幼兒專注自我學習時，父母只做旁觀者、協助者、誘導者，不要過多的干擾或讚美，讓幼兒享受學習的過程，就是最好的獎賞；鼓勵幼兒接受挑戰、獨立完成可承擔的工作；引導孩子遵守規則、學習做選擇等方

式，培養孩子的專注力、自我控制力。

　　Steiner認為意志是一種本能的驅力，是欲望、動機、期望等的潛在力量。他同時也認為意志力的培養是學前教育重要的一環，因為意志和感受是動態的流動，感受會生成意志，所以在教養小孩時，不應從給行為準則的方式開始，而是帶著他去做你認為正確的事物，重複地做，便會發展出對此事物的感受；當孩子將行動變成習慣且意識到這行動應當做，這行動便是意志力的呈現（顏維震譯，2010）。孩子如在不斷的練習中，有著下一次我可以做得更好的感受，這個感受會讓他在下一次其他情況下，努力把相同的事做好。大腦需要豐富的刺激，但刺激的重要性，遠不如孩子的感受，感受深入心理和心靈層次（隋芃譯，2013），要培養意志力，就先要有對事物的感受，而不是沒有感受的教條。

　　自主獨立的發展約在二至三歲，孩子的動作、語言需經歷一次又一次的練習，正向的感受會讓孩子的意志力提升。當聽損嬰幼兒的動作協調、自我意志都到了想要追求自主、獨立，唯有語言尚不能表達自己的想法和感覺時，父母如不自覺地要求聽損幼兒說話要清楚、句型要正確、再說一遍、仿說不是心裡想說的話等行為，幼兒會懷疑自己的能力，甚至感到羞恥，自信心便無法建立，對人格的養成會有長遠的影響。因此及早選擇適當的溝通模式，對幼兒自信心的養成是極為重要的。

　　孩子到了會自由跑跳時，便渴望自己能獨立做些事，但不是每件事他都能勝任；認識和適應新環境、學習紀律規則、建立人我關係、調節情緒等能力的建構，都是漫長的路，讓幼兒有勇氣不斷地挑戰自己的關鍵，是父母關愛、自制、等待和鼓勵的態度。洪蘭教授（2015a）認為「操之在我」的主動價值觀是個重要的人生態度，不要在嬰幼兒時期就把它破壞掉了。

🌿 看穿別人心思的心智理論

　　人腦有一個特質，就是會在內心建立起模型，來解釋別人的意圖、感受和目標，這讓人天生就有能力瞭解其他人會有不同的渴望、企圖、信念和心智狀態，也有能力建立某種理論，來解釋那些渴望、企圖、信念和心智狀態，這種能力稱為心智推理或心智理論（theory of mind），從兩歲前就開始發展，四到五歲時已經發展完成（鍾沛君譯，2011）。心智理論是與人互動的內在準則，會隨著經驗而調整，最後發展出如同篩子般的信念，篩選個人理解世界的方式和內容，所以同樣的花花世界，每個人的解讀卻是如此不同。大腦的設定讓我們就是會忍不住在與人互動時，在自己內心品頭論足推理一番，然後做出行為和反應，這個自動化的機制無法改變，但推理基模的建立卻是可以受環境的影響。

　　嬰兒天生對人的臉特別有興趣，他本能地從臉的表情和聲音去解讀藏在背後的意圖或情緒，他得弄清楚別人的「心思」是怎麼回事，從假設、推理、驗證，到結合已有的知識發展出新的理論，每一步驟都不含糊；這樣的歷練，讓他明白自己的所思所想是怎麼回事。嬰幼兒的實驗室裡，不請自來的父母是個理想的實驗品，他們蒐集父母的反應，找出愛的運作方式，以後才能掌握和運用。嬰幼兒的內在力量驅使他想要弄懂許多事，在不斷測試中尋找父母的底線，還會參照父母的情緒反應來決定自己對某些事物或情境的反應（張玲芬，2009）。如果瞭解嬰幼兒如此的主動、好學是一種本能，你是他心智啟動的鏡子，他從你的回應認識自己，你的情緒、信念、習慣、態度、價值觀等，都參與了孩子心智理論的發展，父母就當謹言慎行。所以當你被孩子折騰得想放棄做父母的福利（快樂、成長），你只要想到你正在培養一位科學家，你就能會心一笑；當你怒不可

遏時，只要想到是孩子正在做實驗，或許就可收斂你的怒氣。

　　符號的使用促使幼兒心智理論的發展更上一層樓，隨機學習是學前嬰幼兒的學習模式，有強大的主動性。嬰幼兒語言的學習有兩種途徑：直接與人互動和跨聽（overhear）別人的對話。跨聽是在有些距離下聽取別人輕聲的對話，是生活裡隨機活動時，常發生的聆聽情境，對高層次社會、認知能力和知識的發展是很重要的刺激；這些符號能力、知識、執行功能和心智理論，是成為社會中有社交能力成員必備的能力（Elizabeth & Carol, 2016）。Moeller和Schick（2005）認為發展心智理論的過程中，父母和手足扮演了非常重要的角色。嬰幼兒與家人來來回回地交換觀點，比單純只提到個人的內心想法及狀態，更能協助發展。對聽損嬰幼兒而言，他們可能無法完全接收到這種富含輪替的對話，有些家長還會簡化說話的內容，使聽損嬰幼兒更無法正確地理解旁人談論的內心想法。因此，語言品質與接收量的不足，可能會影響聽損嬰幼兒心智理論的發展，進而影響人際關係的建立，這正是聽損早療要做好的預防工作。

　　近年來助聽器和人工電子耳科技對聽覺系統輸入品質大大地提升；政府推動全面性新生兒聽力篩檢，落實了早期發現、早期介入的目標；輔具補助的福利政策，解決了經濟弱勢聽損家庭無法擁有適當輔具的困境，這些生態環境的改變是聽損家庭的一大福音。專業團隊和聽損家庭接著要擔起介入品質的責任：對聽損程度嚴重的嬰幼兒，要儘早進行人工電子耳手術評估；有效的溝通對嬰幼兒身心靈的發展極為重要，打破口語是最好選項的迷思；嬰幼兒使用的語言應和父母一致等觀念的溝通和決定要更為積極。

🌱 情緒調節能力是預測快樂人生的指標

　　嬰幼兒尚未能用語言（口語、手語……）表達意圖時，情緒就是他的溝通工具，他會用情緒引導父母的照顧行為，也會辨識別人的情緒，作為自己行動的依據。情緒的作用尚不只溝通，還參與動機、主導學習、穩固記憶、選擇好惡、與人互動等學習和社會活動，可說是無役不與，看起來一個人的成功與否，都是情緒說了算。

　　大腦雖設定人生在世所有活動情緒都不能缺席，但出生時外顯的情緒只是虛張聲勢，他還沒準備好要做這麼多事。邊緣系統和皮質系統要整合出一條強大的迴路，才能發展出具有彈性的調節能力（見第一章），這個能力是預測學業成績和人生快樂與否的最強指標（洪蘭，2015b）。情緒是從感官經驗的感受引發，調節能力是在與父母有情感的互動中，隨著社會行為的發展而建構出的。情緒的正反面向會導致截然不同的行為，一旦情緒性行為成為一種習慣，便會編進固定的神經路徑（隋芃譯，2013），用本能的方式反應外境的刺激。

　　心理分析學派認為嬰兒生來就具有發展活動、自律、社會適應、情緒控制和認知同化的基本動機，只要父母具有豐富的情感，就能在嬰兒身上發現這些基本動機，它同時強調親子關係在幼兒心理發展上的重要（白亦方等譯，2010）。雖說發展是由嬰兒自主，但發展是借力（父母和環境）使力（基本動機）的結果，這兩種力量是「發展需要」和「父母想要」的角力，「需要」和「想要」達到平衡，才有和諧的親子關係，這表示親子間建立了彼此認同的遊戲規則（規範）。情緒溝通系統的規範，是親子要面對的最重要任務之一，父母要清楚瞭解，幼兒本來就有「把事情做好」的傾向，做不好時，幼兒會呈現焦慮的情緒，有時你的「想要」不是孩子

不配合、不願意，是他的大腦還做不到。你的情緒孩子感受得到，你的情緒表達方式會被孩子學習仿效，最終發展出的行為不由得你喜不喜歡。幼兒在自己的情緒行為（高興、生氣等）和父母回應的重複經驗中，學習自我控制、情緒規範與協商、同理心和協助他人等技巧（白亦方等譯，2010）。幼兒情緒調節的能力展現在經歷挫折、失望等洗禮後，仍有能力回復到常態的行為。Siegel 和 Bryson 認為父母無法保護孩子不受任何傷害，事實上，正是這些難熬的經驗促使他們成長，並認識真實的世界（周玥、李碩譯，2016）。孩子對生命的理解，不僅取決於發生的事，還取決於父母對這些事情的反應，這段心路歷程最不能摧毀的是「信任」、「安全感」和「自信心」。因此，當孩子有情緒時，要避免命令和要求（如：回房去），或者置之不理及否認（如：不要哭、沒事的），要用感同身受的態度去聆聽和關注孩子情緒背後的原由，或陪孩子把難過的經驗用說故事的方式說出來，試著為情緒命名，對經歷賦予語言和秩序，就是在幫助他們整合左右腦，撫平這些負面的情緒，這對沒有語言能力的嬰幼兒也適用（周玥、李碩譯，2016）。

　　「覺得自己很能幹」是幼兒面對挑戰時最想獲得的內在「感受」，靠自己假設、規劃、執行到完成的過程，每一階段都有可能觸發新的發現和知識，讓事情得以做好；這裡面充滿愉悅的情緒，這個「感受」讓他有繼續面對挑戰的意志力。「挑戰」不是不需努力就能達成或怎麼努力也達不成，而是需要專注用心地做才能完成；父母要做的就是停止自己的「幫忙」，鼓勵孩子完成並讚美孩子的努力歷程，而不是讚美結果。洪蘭教授（2015a）指出，孩子要的不是華而不實的讚美，而是建立能力後的成就感；成就感必須藉著一次次與父母做事來贏得這個感受，最後才能累積成自信心，這是自己給自己最真實的獎賞。

　　情緒是很複雜的，能將這種內在感覺表達出來是很重要的，聽損嬰幼

兒可能會經歷一段語言發展和認知發展不同步，或社會行為落後同儕的時期，他們內心的「理解」受困於表達的能力，情緒常是向眾人宣告「請瞭解我」，親子間有效的溝通就格外重要。父母要細細觀察孩子的肢體語言，讓自己的理解能與孩子的情緒反應同步，才能讓孩子感受到你時時關注他、在意他、接納他、理解他的愛意，協助幼兒正向情緒的發展。

🌱 品格是學習力的代名詞，也是邁向成功的隱形力量

過去我們常用家教來論斷一個人的品格，品格顯現的是一個人待人處事的態度，也是一個人價值認同的標記，有社會文化裡公認的行為準則，學校也在課程裡安排一些道德的學習，校規就是匡正不良行為的準則。但美國品格教育學者 Lickona 和 Davidson 的研究報告改變了品格教育只是解決不當行為的補救措施的觀點，他們強調品格力等於學習力，品格有兩個重要基礎：「成就品格」和「道德品格」，前者追求的是「希望自己的表現比過往好」的目標；後者指的是正直、正義、關懷、尊重等與他人維持友善關係的品格（引自陳雅慧，2013）。這個幡然發現而積極在教育系統推動「教育課程」的品格，卻是大腦已設定的一個機制，是由情緒系統和皮質前額葉一起運作，來調節道德的覺識（洪蘭譯，2015）。

上一節提到發展有五個基本動機，這些基本動機會促進幼兒三歲前重要心理結構的發展，也就是基本道德動機，而早期的親子關係會影響嬰幼兒良知的出現與道德動機的發展（何華國，2006）。為了生存、為了可預測的安全需求，嬰兒會渴望找出世界運作的規則，這樣才能掌握世界。雖然大腦的機制讓嬰兒一出生就對公平、情緒、同理心、利他行為很敏感（洪蘭，2015a），但仍需在社會互動中找出什麼可以做、什麼不可以做的規則，就如語言的文法。嬰幼兒道德觀念是從規則內化逐漸建立的：與

父母對話式的溝通中學到「輪流」的規則；在環境探索中發現「可做」的規則；在父母情感的撫慰中明白「同理心」的表達方式；與家人衝突的經驗中意識到「期望、規則、愛好」的意義（Dunn, 1988；引自何華國，2007），聰明的嬰兒只用了兩年的時間便建立了自己內在的「規矩」，也有了自尊心、羞恥心、求好心的出現，如違背了自己的內在規矩，會難過、焦慮。父母和環境如有太多限制、教養方式或態度不一致，孩子很難將規則內化，他的世界是混亂的、情緒是波動的、關係是疏離的。

　　模仿是嬰幼兒強大的學習機制，也是啟動品格的機制，基本道德動機只是為品格的養成開了個頭。早期道德的發展大多是無意識的，平日裡父母的生活習慣、對人處事的態度、對規則的說明解釋、對周遭事物的批判，幼兒經意或不經意地看到、聽到，日積月累、耳濡目染轉化成他自己的價值觀和信念，用來解讀外面的大千世界，進而形塑自己的世界。這種潛移默化的內隱學習，在潛意識裡操控每日的生活，影響終身。因此不是用「教條」教出好品格，而是用「身教」濡化出好品格。

　　聽覺系統受損影響的只是溝通符號和溝通模式的選擇，並不影響品格的養成。幼兒期學習的重點在心態而不是知識（洪蘭，2015b），知識是在全面性地滲入人格和行動中習得，是智德融為一體的人格教育和價值觀的薰陶（車文博，2001；引自盧明等，2013）。聽損父母常落入培養孩子能力和減少孩子挫折之間的拔河，父母期盼孩子的學習能力能與同儕競爭，又因為語言是學習的工具，因此學好語言便是聽損嬰幼兒和父母的重要功課。但要提醒聽損父母「學習的核心價值是學會如何學習」，嬰幼兒是在社會互動中透過觀察、模仿、修正，到最後終於悟出正確使用語言的方法，是一個主動學習的歷程，學會的是概念和內化的規則，是一個可以類推的能力；聽損嬰幼兒學習過程或許緩慢些，主動學習的內隱能力卻能受用一生。聽損父母常焦慮孩子的語言落後同儕，又認為特殊孩子要用特

殊方法，因此生活裡每個活動都配上語言強力輸送，忽略了孩子的注意焦點或觀察能力（只看到全貌，看不到細節）。當孩子能開口時，父母提供孩子許多仿說的樣板，一次又一次地練習，句子累積得如正常孩子一樣多，但卻不能流暢地使用：教過的會用，沒教過的不會用；仿說正確但不會自動使用；不常用就忘記了或是換個情境就不會使用。這是個簡化學習歷程，只注重結果的被動學習，有點像語言速成班，「學會」很快，但因為沒學到概念、內化規則，靈活運用自然困難。這種被動學習養成的態度是個不自覺的態度，會影響IQ和學業成績（洪蘭，2015a）。父母若是關注、鼓勵學習的過程，孩子也就能把注意力放在過程而不是結果。

所有的嬰幼兒在學習成長中都會有「學不會」、「做不到」的挫折感，挫折感只是一種情緒的能量，這個能量最後會衍生出正向行為還是負向行為，端看父母的態度。如上一段所言，父母關注努力的過程，孩子就會把注意力放在過程，「學不會」、「做不到」是結果不是過程，他會再努力於過程中。聽損父母為了讓孩子有成就感，有時忍不住會出手相助：把最困難的都做了，留下簡單的步驟，讓孩子輕易地「成功」；把自認為可能「不友善」的環境都排除了，讓孩子「感覺」世界是美好的；用聽損合理化不合理的行為，讓孩子的「自我」不合理地強大。長期下來，孩子不知道真實世界的樣態，在保護傘過濾後的虛擬情境中，提煉出來的學習能力、人際技巧、處事態度、價值判定等，是否能與真實世界融合？面對聽損嬰幼兒時，父母要思考的是，可否勾勒出讓嬰幼兒全面發展的步驟與對應的教養任務。

🌱 有效溝通是一切學習的基礎

溝通技巧與嬰幼兒發展的所有領域都有關聯：社會、認知、動作與適

應性，早期促進溝通技巧，可以預防或改善未來的學習、情緒和行為等問題（廖華芳譯，2005）。聽損使嬰幼兒溝通處於弱勢，在假扮遊戲、角色扮演、聽故事、團體遊戲中學習人我互動、情緒調適、社會規範、道德觀念都會受到影響，而父母的「期望」隱隱牽動著孩子衡量價值的準繩，影響孩子的一生。

　　婦聯聽障文教基金會強調溝通不僅是訊息的傳遞，也是心靈的連結；溝通的重要不在「符號的類別」而是「有效的結果」，一切的學習都要立足在有效溝通的基礎上。不同的年齡、輔具、聽損程度、聽損類型有不同的學習需求，唯一不變的準則是，先為孩子找出最有效的溝通方法。雖然這個決定權、配合度、認同感是在父母手上，但努力讓父母明白溝通的重要，就是早療專業的責任，我們可以借鏡婦聯聽障文教基金會的做法：

一歲以下溝通無國界

　　全世界的嬰兒在發展出自己的母語前，溝通的行為都相似，父母能從嬰兒的溝通行為瞭解他的意圖。聽損父母要學會觀察嬰兒的行為、聆聽幼兒的聲音，用適當的溝通姿勢做適當的回應（見第四章），這是嬰兒和父母建立信任關係、發展安全感的重要時刻。在雙向溝通中，嬰兒學會眼神注意、情緒表達、獲取注意、共同注意等能力，這是進入語言學習的重要里程碑（Cates et al., 2012），即使聽覺損傷嚴重的嬰兒也能習得這種能力。現在的醫療、聽力專業，讓六個月大的聽損嬰幼兒完成確診開始療育已非難事，父母學會聽力學管理、溝通互動等知能的同時，也需要及早瞭解孩子的有效溝通模式，並做好使用此溝通模式的準備。例如需使用非口語模式，家長便要先瞭解非口語模式的方法、資源、轉銜，以及在教育系統裡的支持性服務等資訊，讓自己有能力為孩子做決定。

兩歲時溝通無礙

　　一歲左右的幼兒說出第一個有意義的字時，代表他聽懂不少東西，兩歲前能說出的詞彙雖不到 100 個，但這些詞組合出的短句配上比手畫腳，溝通能力就能大大增加。有效的溝通能力在幼兒兩歲時可以被提升或壓抑，在這段期間，幼兒學會用語言的力量，讓大人知道他們要什麼、感受如何（廖華芳譯，2005）。為了讓溝通持續進展，重度聽損、聽神經病變譜系異常的幼兒，一歲後就要評估是否要使用電子耳來提升口語學習，如果需要使用電子耳，最好三歲前就要完成手術（見第二章）。如果幼兒無法藉由輔具達到口語有效溝通，就要積極評估使用其他類型的溝通模式。通常聽損父母有各種不同的想法，無法馬上決定是否要替孩子植入人工電子耳或使用非口語溝通模式，但此時正是孩子要建立自信心和心智理論的時候，時間的延宕對幼兒身心發展都不利。基金會會先用圖卡交換系統介入溝通，讓幼兒學會結構式的表達，這是進入符號語言前過渡期的權宜策略。

三歲時學習無礙

　　三歲是幼兒詞彙量的爆炸期，語言能力快速提升，學習、認知、思考、社交等能力也跟著提升。幼兒生活經驗多了，想法也複雜多了，他需要一個有效的溝通工具，把大腦的圖像陳述得更清楚、更精準些，讓別人明白他的想法，同時也能透過這個工具，正確瞭解別人大腦內的圖像。這個世界是結構性的，大腦皮質也是結構性的（見第一章），他們需要有一個結構性的符號將兩者連結，外面的世界才能以符號的方式大量儲存在大腦，要用的時候便能快速提取、有效傳遞。學習是在符號穿針引線下才有可能量產，為了讓聽損幼兒學習的路上沒有障礙，父母一定要在幼兒三歲

前確定並決定使用的溝通模式（口語、手語、另類溝通等），才能幫助幼兒達到最有效的學習，即使它不是主流的溝通模式，但卻是孩子最有效的學習工具。

　　如果有幸成為聽損嬰幼兒學習、溝通的夥伴，雖無法預測聽損嬰幼兒的未來，但可以期許他們能成為一個心靈自由、有責任、有信心、有意志的獨立個體。

參考文獻

周玥、李碩（譯）（2016）。教孩子跟情緒做朋友（原作者：D. J. Siegel & T. P. Bryson）。台北：地平線文化（原著出版年：2011 年）。

白亦方等（譯）（2010）：早期療育手冊（原作者：J. P. Shonkoff & S. J. Meisels）。台北：心理出版社（原著出版年：2000 年）。

何華國（2006）。特殊幼兒早期療育。台北：五南圖書公司。

洪蘭（2015a）。大腦科學的教養常識。台北：遠流出版公司。

洪蘭（2015b）。情緒和品格。台北：信誼基金出版社。

洪蘭（譯）（2015）。0～5 歲寶寶大腦活力手冊（二版）（原作者：J. Medina）。台北：遠流出版公司（原著出版年：2014 年）。

張玲芬（2009）。0～3 歲嬰幼兒啟蒙教育。台北：華都文化。

陳文德（2003）。嬰幼兒感覺教育指導手冊（二版）。台北：遠流出版公司。

陳雅慧（2013）。美國品格教育第二波：從「防弊」到「興利」。載於親子天下雜誌編輯部（著）。翻轉教育。台北：親子天下。

隋芃（譯）（2013）。超腦零極限（原作者：D. Chopra & R. E. Tanzi）。台北：橡實文化（原著出版年：2012 年）。

傅馨芳（譯）（2016）。信念的力量（二版）（原作者：B. Lipton）。台北：張老師文化（原著出版年：2005 年）。

楊曉苓、段慧瑩、陳芃蓁（2007）。0～2 歲嬰幼兒適性發展學習活動綱要之研究。內政部兒童局委託研究報告（PG9601-0449）。

顏維震（譯）（2010）。人學（原作者：R. Steiner）。台北：洪葉文化。

盧明、柯秋雪、曾淑賢、林秀錦（2013）。早期療育。台北：心理出版社。

鍾沛君（譯）（2011）。大腦、演化、人（原作者：M. S. Gazzaniga）。台北：貓頭鷹出版（原著出版年：2008 年）。

廖華芳（譯）（2005）。早期介入：嬰幼兒及其家庭（原作者：P. M. Blasco）。

台北：華騰文化（原著出版年：2001 年）。

Cates, C. B., Dreyer, B. P., Berkule, S. B., White, L. J., Arevalo, J. A., & Mendelsohn, A. L. (2012). Infant communication and subsequent language development in children from low income families: The role of early cognitive stimulation. *Journal of Developmental and Behavioral Pediatrics, 33*(7), 577-585.

Elizabeth, B. C., & Carol, F. (2016). *Children with hearing loss developing listening and talking* (3rd ed.). San Diego, CA: Plural Publishing.

Mehrabian, A. (1971). *Silent messages.* Belmont, CA: Wadsworth.

Moeller, P., & Schick, B. (2005). Development of social understanding in children with hearing loss: Implications for audiologists. In R. C. Seewald & J. M. Bamford (Eds.), *A sound foundation through early amplification: Proceedings of the third international conference* (pp. 209-228). Stafa, Switzerland: Phonak.

4

幫助聽損嬰幼兒前
先改變自己

官育文

　　近代大腦科學研究的蓬勃發展，讓我們認知到人的無限潛能——即使
是初生的嬰兒，都像是一台已經組裝好的超級電腦，內建了許多驚人的程
式蓄勢待發，從呱呱墜地的那一刻起，這部超級電腦便開始不斷進化。

　　腦神經就像駕著觔斗雲的齊天大聖，以驚人的速度處理從外在世界接
收的訊息，並將之轉換成豐富而又抽象的表徵，嬰幼兒據此來解釋他們的
經驗，並預測新的事物。而隨著經驗的累積，嬰幼兒轉換及編排資訊的規
則也會改變，透過探索和試驗，孩子主動進行了自我改造。然而在這個偉
大又神祕的過程中，嬰幼兒當然無法獨善其身，他身邊的人自然而然地參
與了促進並影響孩子處理資訊和讓規則改變的方式；換言之，孩子周圍的
其他人是要來幫助孩子改造自己的（黃馨慧譯，2011）。改造超級生物電
腦的神聖工作會有許多人參與其中，而父母肩負重任！父母如何與孩子互
動，關係著這個超級寶寶日後人格與行為的形塑，即使人格與行為受到生
理機制的部分影響，但環境如何在適當的時機啟動超級寶寶的內建程式，
使其行為得以展現，這就是父母及周遭其他人的偉大使命了！

　　一般父母多能清楚自己的教養角色，不論是存在潛意識裡的信念或是

新學習的知識，早已在生產前為自己設定了教養準則，就這麼和孩子建立親子關係。所謂教養信念是指父母對孩子行為發展所持有的認知或看法，而這些認知或看法將會影響其教養的行為與方法（黃琇青，2007）。研究發現，孩子若被診斷為身心障礙者，家長除了對子女的身心發展特質感到困擾或擔心外，在親子互動中，也因較少感受到子女的回饋而感到失望或產生距離感，因而承受更深刻的親職壓力，亦可能使教養信念隨之改變（張子嫻、曹純瓊，2013）。

以聽損嬰幼兒來說，父母可能因為對聽損的錯誤認知，而降低甚至失去對孩子的期望；也有許多父母認為聽損孩子必須學習口語以融入主流社會，堅持不讓孩子接觸手語；或是不願孩子在外觀上有明顯的「障礙標記」，而嘗試讓孩子留長頭髮以遮掩助聽器等。這些「父母對孩子所持有的真實想法」，都將直接反映在父母所展現出的教養態度與親子互動當中。聽損的問題打亂了父母原先準備好的完美養育方案，在無備案的情形下，透過網路資訊的分享，漫無頭緒地尋求相關的療育資源，比較哪種訓練方式成效較好？哪位治療師人氣最旺？很快的新方案就出爐了。因此在醫療院所、療育機構等處都不乏帶著年幼的聽損孩子四處上課，對於早期療育成效充滿期待的家長；也有些家長整合了專業人員的建議，在家用盡心思努力認真地教孩子聽和說。所謂「關鍵期」、「開發潛能」、「及早矯正」等觀念，常常讓家長聚焦於做個教導語言的好老師，而忘了擔綱在孩子身心靈發展上，上天所賜予慈父慈母的角色。下面有七種類型的父母（Pepper & Weitzman, 2004），你最像哪一型呢？

角色一：事必躬親的協助者——我來就好

多數的聽損嬰幼兒在身心障礙類別中被歸類為感官障礙，其智能或認知學習能力並未受限。然而父母面對有語言發展困難的嬰幼兒時，常將之

視為無助（甚至無能）的個體，而給予較多的關注與協助。你跟孩子相處時，是不是總在孩子還沒表現出意圖時，就瞭如指掌地預測他需要什麼？或是在相關生活自理訓練上，覺得與其讓孩子搞得一團糟，不如自己來執行效率更好？孩子成為一個被動接受照顧的個體，他沒有機會，也不需要表達自己的需求。一個慣常扮演「協助者」角色的父母，可以把孩子照顧得很好，卻相對地剝奪了孩子主動感受需求、主動提出需求的機會；而父母也無法觀察到孩子感興趣的事物，以及他如何與人溝通。

角色二：教學嚴謹的指導者──聽我的就對了

如果父母對養兒育女有一套自己的看法，希望孩子能夠依著他的教養哲學循序成長，父母可能會規劃孩子生活中所有的事，包括計畫孩子該吃哪些營養的食物、該穿什麼風格的衣服、該幾點上床睡覺等。大部分的時間，父母會告訴孩子該做什麼以及如何做，會對孩子曉以大義、不可以做什麼以及為什麼不可以。這種指導型的父母也可能會完美拷貝療育課程，把治療師或老師的教學過程複習再複習，認為可藉此提升孩子的學習成效。父母對孩子說很多當下「想教」的話，要孩子跟著仿說，可是孩子卻沒有機會表達自己想做什麼，也沒有機會做選擇；換個場景，若孩子表達不正確，父母便把握機會再次教導，要求說出正確的句子。父母的過度指導，讓孩子只能被動地學習，而違反了大腦的天性──「自己弄懂」與「自己發現」，才能創造快樂的學習經驗！

角色三：無所不問的測試者──你會了嗎？

在孩子牙牙學語的過程中，父母會希望孩子學習更多的語言技巧，特別是孩子的詞彙量還不夠多時，父母可能會認為需要盡最大的努力來幫助孩子學習，因此父母會一直用問題來確認孩子是否學到了該學的內容──

「這是什麼？」「喝水要用什麼？」「消防車是什麼顏色？」「甜甜圈是什麼形狀？」「這裡有幾個蘋果？」……對還在學習口語表達的孩子不斷提問，並不能幫助他理解如何與人溝通，連綿不斷地測試性提問，更容易造成孩子的反感、逃避或者「背」給你聽，反而不利於親子互動。

角色四：匆促趕場的忙碌者──快點快點！

家有聽損嬰幼兒的父母一定非常忙碌，家事、公事、孩子的事，每件事都會耗費父母相當的時間與精力。為了效率，不停地催促自己，也催促著孩子；習慣了填滿行程的生活，奔走在各個看似必要卻性質雷同的療育單位，一刻的空白也成了令人不安的奢侈。雖然父母好像有很多時間都跟孩子在一起，但是親子彼此能夠真正連結的時間是否少之又少？

角色五：默默陪伴的旁觀者──我在這裡

有的父母有時間、也想要陪伴孩子，但又不知道如何融入聽損孩子的活動中，特別是當孩子似乎對互動沒有太多興趣時。於是父母可能安靜地坐在一旁看著孩子遊戲，或是偶爾談論孩子正在做的事，但卻沒有與孩子產生連結。陪伴孩子，觀察他的興趣是必要的，可是如果想要幫助孩子學習如何與人溝通，只有在自然且頻繁的親子互動中，孩子才能學習到。記得：溝通要有兩個人。

角色六：快樂至上的取悅者──好玩嗎？

父母想讓親子互動是充滿樂趣且讓孩子印象深刻，因此父母會主導多數遊戲與談話的內容，也會創造許多有趣的玩法，確保歡樂的過程不冷場。問題是聽損孩子大多在看父母演戲，反而沒有太多的機會去開啟互動，仍是居於被動的狀態。

角色七：回應敏銳的契合者——孩子，我懂你

父母能接受並關注嬰幼兒的發展現況，在日常生活中，父母契合於孩子的興趣及注意焦點，描述此時此刻的情境，並且提供適合的相關訊息給嬰幼兒，也會透過說故事、唱歌、常態活動與聽損嬰幼兒進行對話；雖然過程很短，但頻繁地互動，使得嬰幼兒在語言及知識上得以正向成長。

如果你是契合型的父母，你和聽損孩子在語言學習上是天生一對的好夥伴，放心地攜手向前行；如果你是角色一到六中的任何一型，也無須自責，所謂「為母則強」，只要稍做調整，孩子語言的學習也能無往不利。

🌿 看懂孩子的溝通行為了嗎？

聽損嬰幼兒因為聽覺訊息的不完整而影響了語言理解及口語表達的學習，但是語言和身體、心智的發展是同步且互相影響的，這些發展的最初任務，是透過感官對周遭環境的理解和互動，來建構大腦學習網路。幫助聽損嬰幼兒聽語的發展仍要從發展的全面向來啟動（參見第三章、第七章），父母既是聽語教師也是教養楷模，更是心靈導師。孩子不是在開口說話時才學說話，在這之前有許多準備工作，嬰兒的溝通天賦在出生第一天就由父母開啟，聽損孩子也不例外。父母要協助聽損孩子從基礎能力發展到與人順暢溝通（口語或手語），仍要順著發展的軌跡一步一步地引導，任何只求結果省去學習過程的「有效方法」，都會產生不可預測的負面影響。

溝通是一種本能，嬰幼兒在早期學習語言時，沒有真正的「詞彙」及真正的「文法規則」。嬰幼兒用許多行為傳遞他的意圖，他不知道這些行為已是在對人們表達他的想法，所以父母必須學習解讀這些訊息並給予回

應，才能協助嬰幼兒理解如何溝通。而隨著生理成熟及人際互動經驗的累積，嬰幼兒便逐步發展出語言溝通的能力。父母要在不同的階段（Simmons-Martin & Rossi, 1990）契合幼兒的學習需求：

階段一：語言前期

在生命的初始階段，嬰兒因為生理上的需求而自然產生一些非意圖性的行為，並以此行為探索他與外在世界的互動。其中最常出現也最有效的行為就是「哭」。當嬰兒哭泣，母親走向他並使他感覺較舒適後，母親即讓幼兒的溝通過程得到滿足。這是幼兒溝通的第一步，透過父母對於他哭泣前後一致的回應及適當的反應來學習溝通，瞭解到他的哭泣是有功能的，並且能溝通特定的訊息。

處於語言前期的嬰兒並不理解詞彙的意義，但他正逐漸地對自己所在的世界有更多的覺察。他會開始辨識一些臉孔、物件、語音及聲響，試著去尋找聲音的來源，看到對他微笑的臉也會報之以微笑。嬰兒對於父母的語調變化及熟悉的情境都會有所反應，並漸漸地從日常規律的活動中開始預期將發生什麼事。在此階段，父母可以從嬰兒的哭泣、凝視、微笑、尖叫、聲音的變化、肌肉張力的改變，以及身體的移動等行為觀察並詮釋孩子的溝通意圖。

階段二：溝通期

當父母持續地回應嬰幼兒發出的溝通訊息，嬰幼兒便瞭解到他自己可以影響周遭的人或事，這種對世界全新的體悟就是透過溝通產生的連結。嬰幼兒開始有目的地溝通，即使他還說不出一個詞彙，他也能經由注視、指手畫腳或發出一連串饒富變化的語音，讓父母瞭解他的種種意圖——抗議、拒絕、引起注意，或……只是好玩。處於溝通期的嬰幼兒化被動為主

動，不斷發出訊息，鍥而不捨地朝向他想要的物件，發出渴望的聲音，凝
視著可能可以滿足他的人，直到他得到滿意的回應為止。在溝通期最重要
的發展，就是嬰幼兒懂得透過注視物件、指物、再注視人，清楚明白地告
訴對方他的想望（Pepper & Weitzman, 2004）。此能力的發展，將引導嬰
幼兒邁向使用第一個有意義的口語或溝通符號的階段。

　　溝通期的嬰幼兒也學習如何與人共享注意焦點，當父母指向某物時，
他會朝向正確的方向注視。共享注意力的發展，讓嬰幼兒的世界又擴大
了，隨著成人的手指所向，許多有趣的事物躍入眼簾，語言學習的機會於
焉而生！嬰幼兒在日復一日的常規作息中，反覆聆聽父母不斷重複特定的
語詞，他開始連結這些語音訊息與當下經驗，這是語言發展非常重要的部
分，因為幼兒在能夠以口語表達之前，必須先聽懂口語。

階段三：單詞期

　　當嬰幼兒能夠以某個動作手勢、發音或指認圖片的方式，去表達某個
特定的意義時，他便進入了單詞階段，其中最讓父母期待的當然是宛如天
籟的口語。嬰幼兒會模仿成人的發音，或是自己說出生活中最熟悉且重要
的人事物，像是：爸爸、媽媽、ㄋㄟ ㄋㄟ、抱抱等。他會用一個簡單的
字，伴隨著已經運用自如的手勢、聲音及臉部表情，表達極為豐富的意
義。幼兒指著枕頭說「媽媽」，他可能要表達的是「這是媽媽的枕頭」或
是「媽媽睡在這裡」，也可能是「媽媽，我想睡覺！」。在有限的口語表
達和不甚清楚的發音中，細心的父母可以從當下的情境及孩子的姿態動
作、語調變化、手勢及表情等線索，解讀出孩子真正要表達的意思——這
並不容易，但似乎大多數的父母都有這樣的本能，也會主動說出孩子的想
法，學習就這麼自然的發生。

　　處於單詞期的嬰幼兒，像是海綿般地持續吸收、理解更多的詞彙，同

時也能聽懂簡單的指令，如：「杯子給媽媽」、「過來穿鞋鞋」。如果父母在說話時能夠同時加上手勢動作，將能幫助嬰幼兒更快速地理解語言。

階段四：雙詞期

幼兒從一個詞彙、兩個、五個、十個……約莫能表達出五十個詞彙左右時，便開始試著把兩個詞彙結合起來，讓訊息傳遞得更清楚。同樣兩個字詞的結合，在不同的情境下仍可代表多樣的意義，父母延續單詞期的解讀功力，當然能明白孩子想說什麼。當孩子嘗試把他能夠表達的詞彙做各種排列組合的同時，他的手勢動作也漸漸地越來越少出現；語調變化更明顯表現出疑問的語氣，隨後出現了問句。

雙詞期的幼兒即使少了手勢動作線索，也能聽懂更多語言；他開始理解「什麼」、「誰」、「哪裡」這些簡單問句，並能做出正確回應；知道「上下」、「裡外」、「大小」的意思，也能夠聆聽小故事，並從書中指認他熟悉的物件圖片。

階段五：語法期

漸漸地，幼兒的語言變得更複雜，出現更多功能詞，可以描述事情，也開始用語言思考。在這個階段，幼兒可以控制超語段的使用來表達意義；他的語句從簡單句進展到複雜句。幼兒開始使用同義詞，也能用不同方式表達一個想法。

幼兒在此階段發展出他一生都會用到的語法，這個階段是發展和鞏固基礎的階段。和其他聽常幼兒一樣，聽損幼兒在這個階段的任務是延伸概念、豐富詞彙，還有琢磨句子結構。

從語言前期到語法期，嬰幼兒漸次發展出對語言的理解，並將他想傳遞的訊息，透過他做得到的方式表達出來，這個發展順序每個孩子都一

樣，只是時間的快慢不同。在聽損嬰幼兒發展語言的過程中，下面的技巧
（Manolson, 1992）有助你成為契合型父母，讓語言學習有趣又有效。

🌱 跟隨孩子的引導

　　鼓勵孩子溝通最好的方式，就是讓他主動開啟與你的互動。試著放下
你想要主導一切的衝動，讓孩子來引導你。當父母跟隨孩子有興趣的事物
並且給予回應時，這些資訊正是孩子所需要的；更重要的是，能夠促進他
的溝通發展。

　　父母的天職所趨，我們總會想要插手與孩子相關的事，不論是教導他
或取悅他。但父母必須努力學習不去告訴孩子該做什麼、不去幫他做選
擇。父母真正需要努力、非常刻意地努力，是花一些時間等待孩子、觀察
孩子及傾聽孩子。「等待、觀察、傾聽」是從成人的主導角色，**轉為跟隨**
孩子引導的核心技巧，每一次的實施可能只需要幾秒鐘的時間，但在最初
階段，父母必須很有意識地練習，你將發現孩子的世界原來如此有趣。

　　等待是一種簡約有力的技巧，讓幼兒有機會用自己的方式表達。父母
可以用三個步驟：停止說話、身體微微前傾、以期待的眼神注視孩子，來
透露出強烈的溝通訊息——孩子，我準備好等你的表達／回應。在此過程
中很重要的是，一旦孩子有所行動，成人一定要立即的回應孩子，以增強
他的主動行為。

　　如果原來和嬰幼兒互動模式由父母主導居多，剛開始親子雙方都不習
慣等待時所產生的片刻靜默，甚至你會感覺到不安，彷彿自己「應該要做
什麼」，但千萬不要因此想要說些話來打破沉默。給自己和孩子多一些耐
心，等待不擅於溝通的孩子釋出訊息，本來就需要時間。善用等待三步驟
的身體語言，父母可以幫助孩子有足夠的時間理解——你正在期望他給你

一些訊息。孩子表達的訊息不一定是清楚的口語，可能只是個單字、聲音、動作或眼神，父母是否能接獲訊息，端視我們對孩子的瞭解程度。這也是接下來要學習的技巧：觀察。

藉由觀察，可以瞭解嬰幼兒的感覺需求和學習表現。聽損孩子與一般孩子一樣，在還未發展出口語溝通能力之前，靠的是面部表情、肢體動作、咿呀作聲等非口語模式與外界溝通。父母一般都能夠從互動的經驗中，熟練地解讀出孩子的溝通訊息；如果孩子有些訊息不夠清楚，我們就要試著從更細微的變化去尋找端倪，如：孩子的警覺程度、呼吸和肌肉張力的變化，或是發音的聲調、音量、長短的改變等。透過觀察，父母或許可以更正確地猜出幼兒的需要，即使猜錯了，幼兒會再次回應，這就是溝通。

傾聽的意思是指全然地關注孩子的一言一行，即使已經理解孩子要傳達的訊息是什麼，你仍然不打斷他，讓幼兒的溝通獲得鼓勵。父母的傾聽讓孩子知道他的表達是受到重視的，這有助於孩子建立自信與自尊，也幫助父母更瞭解孩子，能夠敏銳地回應孩子。

要父母放下主導權去跟隨孩子的引導並不容易，但只要你稍做改變，讓孩子有主導的機會，你就會發現孩子比想像的聰明百倍。嘗試看看：

◉ 當孩子打翻杯子，我們急著把撒了一地的飲料擦乾淨……【等一等】
　讓孩子有主導的機會，他會讓我們知道他對自己造成的狀況有什麼想法。

◉ 當門鈴響起，我們想馬上去應門……【等一等】
　讓孩子有主導的機會，我們會看到孩子是否對聲音有反應，以及如何反應。

◉ 為孩子讀故事書時，我們想照著書上的內容從頭讀到尾……【等一等】
　讓孩子有主導的機會，他會讓我們知道他對書本真正有興趣的部分是什

麼。

- 當孩子想告訴我們一些事情，我們想盡快瞭解始末，因此幫他把話說完……【等一等】

  讓孩子有主導的機會，我們才能知道他真正想表達的是什麼。

- 當我們給孩子一個玩具，我們希望他正確地玩那個玩具……【等一等】

  讓孩子有主導的機會，我們才能知道他真正想玩的是什麼。

當父母體會到跟隨孩子引導所產生的變化，就可以進一步創造更多讓孩子主導的機會：

- 把孩子喜歡的東西放在看得到卻拿不到的地方，然後等待……
- 一次給一點點孩子喜歡的食物或飲料，然後等待……
- 一起玩孩子無法獨立完成的遊戲，然後等待……
- 給孩子兩個選項，然後等待……
- 在孩子熟悉的兒歌童謠或遊戲中間暫停，然後等待……

在這些狀態中，我們幫助孩子創造了溝通的需求，等待孩子主動開啟溝通，父母便能即時給予回應以滿足孩子，並增強了下一次主動溝通的動機。當然孩子也有可能無法表現出我們預期的反應，此時父母只要示範怎麼做或怎麼說，並持續進行活動，孩子可能在幾次示範之後便學會如何開啟溝通了。

🌱 共享親子時間

親子互動需要父母與孩子雙方都全心投入，但它並不是像幼兒園，每天固定在某個時段上課，也不需要像補習班，花上幾個小時的時間補救特

定的問題。一個能與孩子契合的父母，不會是一個小心翼翼的管家，他們願意容忍散亂的鍋碗瓢盆，也願意為了陪伴嬰幼兒而延遲處理家事雜務。契合型的父母是在每一個必要的時刻中，瞭解孩子的想法、需求和喜好，適時地給予回應。回應的技巧可以幫助孩子在親子互動時，學會人際互動及溝通表達，父母可以這麼做：

面對面——相看兩不厭

眼神交流是人與人互動交往的基礎，也是肢體語言表達形式之一。英國劍橋大學 Baby-LINC 實驗室的研究發現，當大人與孩子互相凝視時會達到腦波同步，表示孩子也正努力地表達他的想法及溝通意圖。為了確認這種意圖，研究人員進一步以嬰兒的「發聲」來量測，更發現當大人直視嬰兒的眼睛時，嬰兒就發出更多的聲音（Leong et al., 2017）。

既然「互相凝視」在溝通上具有某種程度的作用，成人和孩子在互動時，便應調整身體姿勢（如：蹲下、趴著）或高度（例如讓孩子坐高腳椅），以便能與孩子面對面並互相注視。如此一來，不僅能讓孩子看清楚說話者所傳遞出的訊息（口型變化、臉部表情、身體動作等），也幫助成人瞭解孩子想要說什麼或對什麼感興趣，有效提升孩子溝通動機與主動性，讓彼此的連結與互動更加容易。所以面對面是溝通互動的第一步，也是最重要的回應技巧。

模仿——請你跟我這樣做

回應剛開始學習溝通的嬰幼兒並與他產生連結，最簡單的技巧就是「模仿」。父母模仿孩子的聲音、動作、表情或口語，孩子會知道成人對他的表現有興趣，因此也投注更高度的興趣給對方，甚至反過來模仿成人。

詮釋——我會跟你這樣說

對於孩子出現新的聲音或手勢，興奮的父母總有本事快速地詮釋意義，並賦予相應的語言，孩子因此知道父母正在傾聽並嘗試瞭解他，同時也聽到了該如何說這詞彙，如：孩子拉著你同時手指向大門，你猜測他想出門，因此你也指著大門（先模仿），同時說：「出去玩」（詮釋）。孩子在每一次互動中重複聽取到相同的語詞，便理解了詞彙的意義。

說明——萬事皆可說

在任何時候，父母配合著孩子正在做或說的事情給予簡單的說明，也是回應的技巧之一。使用簡單清晰的語言說明孩子有興趣的事物，如果孩子正在注視路上的小狗，你說：「汪！汪！是小狗。」命名（小狗）與擬聲詞（汪汪）都是與孩子當下注意的主題相關的語言。在同一主題中，父母可以加入更多相關的訊息及語言示範（「小狗在汪汪叫，小狗想吃東西……」），除了讓親子互動持續進行，也能擴展孩子的語言經驗。

提問——善用好問題

提問是對話中自然的一部分，當孩子處於語言前期階段，父母可以利用提問技巧幫助孩子持續對話；但仍要避免一直問問題，因為提問容易讓孩子感覺有壓力。好的問題讓孩子容易參與對話，也能鼓勵孩子思考，例如要吸引孩子注意時，可以問：「這裡有什麼」、「怎麼了」、「然後呢」；也可以透過問題讓孩子做選擇：「你要Ａ還是Ｂ」；或是以問句引起孩子的好奇心：「是誰」、「什麼東西」、「在哪裡」、「為什麼」。好問題能串起會話，並鼓勵孩子跟成人分享經驗；雖然父母不一定能在每個需要的時刻都適時提出好問題，但孩子的回應就會讓我們知道我們是否

成功了。

　　特別要注意的是，如果父母只是不斷地問：「這是什麼」、「那是什麼」、「你要說什麼」；或是自問自答式地幫孩子下結論：「你想要睡覺，對嗎？」這樣的問題可以輕輕鬆鬆地關閉溝通之門，而父母就成了弄巧成拙的「句點王」。

輪流——你來我往樂無窮

　　與溝通者輪流說話是孩子在說出單字前一個重要的技巧，在一來一往的溝通互動中，孩子學習觀察他人的表情和反應，以及等待適當的時機延續對話或開展溝通，也期待對方能回應自己的表達（潘穎文，2017）。對話式親子互動，像打乒乓球一樣，有來有往，重複的經驗讓大腦神經連結穩固，便能靈活地使用。父母在互動中若能有技巧地平衡與孩子輪流對話的次數，孩子就能在每一次的輪流中學習如何表達自己，或從對方那兒獲得新的資訊。輪流的平衡如何維持，端視成人是否能敏銳地配合孩子，包括配合孩子輪流的時間長度、配合孩子的對話步調及配合孩子的興趣，而這些配合都會運用到前述的面對面技巧，與等待、觀察、傾聽原則。另外，我們也可以利用下面各項非口語或口語的信號，提示孩子：「輪到你了」。

非口語信號

- 張大眼睛、揚眉或眨眼，發出期待的信號。
- 以微笑鼓勵幼兒，顯示我們相信他可以有所表現。
- 做出口型提示幼兒我們希望他能說出的字，然後等待。
- 傾身靠近幼兒，讓他知道我們正在關注他。
- 直接指向我們希望孩子回應的物件或活動。

口語信號

- 口語提示「你看」、「是喔」、「換你了」、「然後呢」。
- 以疑問的語氣或較大的聲音重複剛才說過的話。
- 同一件事換句話說，如：「要去散步嗎？」→「去公園好不好？」
- 從問句轉為陳述，如：「要去散步嗎？」→「我們去散步。」
- 從說明轉為提問，如：「小狗肚子餓」→「小狗想吃東西嗎？」
- 簡化訊息內容，如：「肚子餓了嗎？」→「要餅乾嗎？」

　　父母拋出提示信號後，就要「等待」孩子回應，不要急著填補等待的空白；若孩子未如預期地回應，再試試其他提示技巧，然後再等待。如果孩子真的不回應，想想孩子的溝通能力正處於哪個發展階段，他應該可以如何回應，父母就示範如何回應。不要強迫孩子馬上模仿，只要幫他做出回應並讓對話繼續進行，並確認你預期的回應是在孩子的能力範圍內可以做到的；父母若能讓幼兒處在豐富的溝通互動經驗中，孩子連結語言的機會就能不斷延伸。

🌿 豐富生活中的語言溝通經驗

　　學習語言的過程極為複雜繁瑣，但絕不可能是一個字一個字地學、一個音一個音地練。關鍵的歷程是孩子能主動聆聽，而且在持續不斷的真實生活中說話溝通，如：要幫助孩子理解「開」這個詞彙，除了「打開」不同的物件，也可以在每天帶孩子從外面回家時，「開」門、「開」燈；玩遊戲時，「開」車、「開」心、「開」始。在一連串熟悉的日常生活事件中，孩子自然地重複聽取有意義的詞彙，直到耳熟能詳後的某一天，這個

詞彙就脫口而出了。這就是語言發展的過程：先連結生活經驗，接著理解意義，然後表達出來，最重要的是經歷到「詞」具有廣泛意涵的特徵，而不是一個項目和一個項目的關聯。嬰幼兒學習語言沒有所謂的特別技巧、設備或物件懶人包，整個過程就只是語言型態對應日常生活經驗，如：當幼兒表現有興趣時、不尋常的事發生時、當不正確的行為發生時，都是幫嬰幼兒豐富語言的好時機。

當孩子已經聽懂一些詞彙，父母可以用這些詞彙為基礎，用不同的方式擴展詞彙的相關性，這樣可以幫助孩子在已知經驗上理解更多，進而有更豐富的表達。從最基礎的命名開始，我們可以發展好多新訊息：

- 命名：這是麵包。
- 描述：麵包好好吃／軟軟的麵包／麵包好香。
- 解釋：我在烤麵包。
- 假裝：我當賣麵包的老闆。
- 感受：我好喜歡吃麵包。
- 計畫：明天我們去買剛出爐的麵包。
- 預期：等你長大，也可以自己做麵包。

上面的例子，並不是在同一個遊戲中同時釋出這麼多新訊息，也許要玩很多次不同的遊戲才逐漸發展出來的。另外，孩子理解的詞彙會比說出的詞彙多很多，當孩子表達不完整時，重組孩子表達的內容，使語句更符合當下的情境（「杯杯，沒有」→「杯子裡沒有水了」）；為孩子所表達的句子加上一些新訊息，使語句內容更加豐富（「杯杯，沒有」→「杯子裡沒有水了，我們去找飲水機」）。孩子學習語言是為了順利溝通，父母萬不可本末倒置，執著於特定的語言表現，像是一再地要求發音標準或用詞精確等，而干擾了溝通的流暢性，甚至忽略溝通的內容，這反而不利於

孩子的語言發展。以下是求好心切的父母容易犯的錯誤：

1. 忽略孩子的溝通訊息：當父母主導學習時，為了引導孩子達成學習目標，非常容易忽略孩子在當下情境想傳達的溝通訊息，甚至是刻意忽略，因為孩子的溝通訊息與學習目標不符。

2. 打斷孩子的主動溝通：孩子表達時，父母在意的不是內容，而是要求孩子構音或要孩子重複仿說正確語句，因此溝通的過程就中斷了。

3. 負面評論孩子的溝通表現：在孩子努力表達之後，父母不滿意孩子的表現，因而指責「為什麼話都說不清楚」或是評論「你都沒有好好說話」。

4. 擔任孩子的翻譯員或代言人：因為太瞭解孩子，也想幫助別人瞭解孩子，因此在孩子想表達或溝通中斷時，試圖當孩子的翻譯員或替孩子與他人對話。

實際上父母是孩子的第一位老師，更是孩子最需要的溝通夥伴，父母最大的優勢，就是能在有意義的生活情境中，幫助孩子明白語言的存在及功能，讓孩子的語言內容緊密地與自己的生活連結，清楚並重複地出現及運用。唯有父母清楚認知自己是孩子重要的溝通夥伴時，孩子才能得到最大的支持。一個稱職的溝通夥伴能夠做到：

1. 創造機會讓孩子主導說話的題材，或跟隨孩子主導互動內容。
2. 依著孩子當下興趣耐心地陪伴，和孩子一起說話。
3. 鼓勵孩子用自己的方式與人溝通。
4. 提供或鼓勵孩子與不同對象溝通互動的機會。
5. 當孩子與人溝通時，能在旁邊安靜等候，不當孩子的翻譯員或代

言者。

6. 適時鼓勵及肯定孩子每次與他人對話的勇氣，並從中看見孩子的進步。

7. 讓孩子自在地發言，從每次對話的正向經驗中增加溝通自信及意願。

8. 提供孩子操作、探索的時間和機會。

9. 營造良好的互動氛圍，經營孩子良好的學習情緒和學習興趣。

10. 擴展生活經驗，協助孩子在生活經驗中發展出自發性的語言。

父母與孩子的互動方式是幼兒發展與學習的基礎，父母再怎麼著急，也不能關閉孩子主動學習的機制。腦科學研究指出，主動參與的快樂經驗才能建構有效學習的大腦神經迴路。在孩子學習和溝通的路上，父母最大的貢獻就是把語言發展的主導權還給孩子，並陪伴在孩子身旁，做一個稱職的溝通夥伴，一個不越權的支持者。

參考文獻

張子嫻、曹純瓊（2013）。嘉義縣學前特殊需求幼兒與一般幼兒主要照顧者的教養態度、問題與親職壓力差異之探究。幼兒教保研究期刊，**11**，21-41。

黃琇青（2007）。知行合一？父母教養信念與教養策略之關係。家庭教育雙月刊，**10**，33-46。

黃馨慧（譯）（2011）。**搖籃裡的科學家：認識嬰幼兒早期的學習歷程**（原作者：A. Gopnik, A. N. Meltzoff, & P. K. Kuhl）。台北：信誼基金會（原著出版年：1999 年）。

潘穎文（2017）。**教孩子說話從零歲起**。香港：新雅文化。

Leong, V., Byrne, E., Clackson, K., Georgieva, S., Lam, S. & Wass, S. (2017). Speaker gaze increases information coupling between infant and adult brains. *PNAS, 114* (50), 13290-13295. doi:https://doi.org/10.1101/108878

Manolson, A. (1992). *It takes two to talk: A parent's guide to helping children communicate*. Toronto, Canada: Hanen Centre.

Pepper, J., & Weitzman, E. (2004). *It takes two to talk: A practical guide for parents of children with language delays* (3rd ed.). Toronto, Canada: Hanen Centre.

Simmons-Martin, A. A., & Rossi, K. G. (1990). *Parents and teachers: Partners in the language development*. Washington, D.C.: Alexander Graham Bell Association for the Deaf.

5

學會處理這些問題
——聽力學管理

邱文貞

　　聽損嬰幼兒父母真正焦慮的開始，常常是專業介入（評估、診斷、諮商、輔具配戴等）告一段落後，每天要獨立面對和解決許多療育、輔具有關的事情，不免會擔心自己如果沒有處理好，會不會影響孩子的發展？其實父母要放寬心，最艱難的時期（發現聽損）已經度過了，嬰幼兒發展是一條漫長的路，立即的危機並不常見，但確實有可能因為日積月累的疏忽或不適當的觀念，對孩子的發展造成長遠的影響。在第一章裡已清楚說明，嬰幼兒是天生的學習高手，父母只要在家做好聽力學管理，配合聽損早療人員的教導，提供支持性的環境，便能啟動嬰幼兒已具備的學習機制，一路無礙地成長。那麼，聽力學管理該怎麼做呢？

　　所謂聽力學管理，就是利用聽力學的知識，將聽覺損傷帶來的影響降至最低（Boothroyd, 1988）。它的目標在於確保聽損嬰幼兒有適當的助聽輔具，且隨時保持在最佳狀況，同時養成聽損嬰幼兒全天使用輔具的習慣、創造理想的聆聽環境、建立主要照顧者及聽損嬰幼兒保護聽力的概念，最後還要協助聽損嬰幼兒長大後發展出自我倡議的能力，也就是能充分掌握聽損對自己帶來的影響，主動解決問題並能為自己發聲，而不是任

由障礙主導自己生活的重要能力。這些能力的發展對聽損嬰幼兒並非一蹴可幾，父母是責無旁貸的示範者和支持者。

長期以來，聽損嬰幼兒的聽力學管理似乎都是理所當然地交給聽力師，但若從早期療育和實務需求的觀點來看，專業積極介入的目的，是為了達到促進家庭及嬰幼兒能發揮其自身的潛能，從被協助者成為主動尋求協助者到自我協助，甚至可以有能力協助其他家庭的終極目標。當爸爸媽媽能充分瞭解聽力學管理的內容，並學習擁有更多協助聽損嬰幼兒的知識和技能，就能有效地處理生活中的聽覺照護和突發問題，並能確保嬰幼兒時時處在最佳聆聽環境中學習。

絕大多數的聽損父母，都是第一次面對聽損問題，通常對聽力學是相當陌生的，更遑論「聽力學管理」。多數父母通常會經歷情緒與資訊爆炸的混亂期，在尚未調整好自己的思緒下，又得專注聽取所有相關專業人員提供的各項建議及注意事項，往往容易遺漏許多重要資訊，對於接下來所需執行的各項聽力學管理內容更是千頭萬緒。在這一個章節裡，我們將循序漸進帶領父母認識並學習下列各項聽力學管理的內容，只要用心學習，許多問題不用找聽力師，自己就能成為聽損孩子 24 小時不打烊的專業聽力學管理者。

🌱 充分瞭解嬰幼兒的聽力情形

聽損確診後充分瞭解嬰幼兒的聽損類型、聽損程度、適用輔具、輔具知識（功能、效益、限制）、對語音知覺和認知語言學習的影響等問題，是做好聽力學管理的第一步。這些問題可能陌生、可能難懂，即使醫師、聽力師都解釋過了，也不是一下子就能全部記住的——幸好現在資訊流通快速，仍可從不同管道獲得知識。如果遇到的醫師或聽力師太忙，無法回

答所有問題，本書以及《聽見問題》一書（管美玲主編，2016），對這些問題都有詳細的說明，可隨時參考。即便如此，在每次回診或療育時，還是要把握機會和醫師、聽力師、語言治療師、老師討論心中的疑惑。

　　對聽損全面的瞭解，有助於父母對孩子的學習、發展抱持正確的期待；對於輔具選擇的決定、溝通模式的考量，也可降低因誤解而產生的焦慮，或誤信了非專業的建議而延誤早期介入的時機。

🌱 持續監控嬰幼兒聽力、口語及語言發展的變化

1.定期聽力檢測

　　雖然聽覺損傷已確診，爸爸媽媽也都非常清楚知道兩個耳朵的損失程度，但這並不表示不需要再持續追蹤嬰幼兒的聽力情形，因為受損的聽覺系統，發生任何微小的聽力改變，都有可能影響學習。有些嬰幼兒因為年紀或合併其他障礙，進行聽力檢查時可能無法對聲音做出正確反應，或是本身的病理因素會導致聽力變化（如：前庭導水管擴大症候群），微小的聽力變化通常也不容易在家只藉由行為觀察而發現，尤其是只有一個耳朵聽力發生變化時，這些常見因素是必須定期安排聽檢的主要原因。此外，嬰幼兒階段常是上呼吸道感染引發中耳炎的高峰期，由於中耳炎通常沒有外顯症狀但可能會影響聽力，所以為了及早發現問題，中耳功能檢查是嬰幼兒定期聽力檢查時的常規檢查項目。一般而言，不論是單側聽損、雙側聽損或程度非常輕微的聽力損失，三歲以下的聽損嬰幼兒應每三個月接受一次聽力檢查；三歲至學齡階段則建議每半年至少進行一次聽力檢查。若是聽損病理有漸進式聽力變化、波動式聽損的可能，則要增加追蹤的頻率；父母可依孩子的狀況和聽力師討論追蹤的頻率。

2.每天觀察嬰幼兒的聽覺行為

除了上述的原因，還有一些可能隨時使聽力發生變化的不可測因素，如：跌倒、頭部撞擊。父母應先瞭解嬰幼兒戴助聽輔具後的常態聽覺行為，然後每天觀察嬰幼兒的聽覺反應是否與常態聽覺行為一致。聽覺行為指的是單獨用聽覺接收聲音所表現的行為反應，它會受到聲音大小、距離遠近、認知能力等因素影響。婦聯聽障文教基金會設計的「語音距離察覺圖」（參見附錄 5.1），可幫助父母每天記錄嬰幼兒的聽覺行為，此察覺圖使用的語音是能敏銳地反應出每一個頻率變化的「婦聯五音」（ㄋ、ㄨ、ㄦ、ㄚ、ㄙ）。父母可在家裡找出固定觀察聽覺反應的地點，調整不同的施測距離來觀察嬰幼兒的反應，將每一個距離能聽到的語音記錄在表格中，這樣的結果比在聽力檢查室，更能反映出嬰幼兒在真實生活情境中的聽覺表現。對於較小的嬰幼兒，如婦聯五音不容易引起注意，可以改用其他嬰幼兒感興趣的刺激音，如：嬰幼兒的名字、擬聲詞（喵、汪）等。施測前要先確認助聽輔具是在正常功能狀態下，施測時要分耳測；如果孩子不配合，為了縮短時間可同時兩耳配戴輔具施測，但聽覺反應的結果是取兩耳中較好的一耳。如果嬰幼兒的反應變差了（同一個距離聽到的語音變少了），就要再測一次；如果再測還是一樣，那麼聽力可能有變化，建議到醫院或聽力所進一步確認。雖然在聽損確診後，嬰幼兒除了洗澡和睡覺時間外都應時時配戴著輔具，但對於剛配戴輔具的嬰幼兒，父母仍需掌握嬰幼兒未配戴輔具時的聽覺表現，才能瞭解配戴輔具後的進步，並將此結果告知聽力師，有助於後續輔具的微調。

「語音距離察覺圖」如果施測正確並能完成，便可在圖上獲知嬰幼兒的「能聽範圍」（可聽到語音的最遠距離）和最佳聆聽範圍（可聽到最多五音的距離），並依此規劃聽覺技巧發展的目標。

3.分辨哪些行為是從聽覺／視覺誘發

我們的大腦在解讀環境訊息時，很少只使用單一感官的訊息（如：只用聽的，不看表情），我們總是會運用所有的感官來幫助認識和理解環境，特別是有聽覺損傷的嬰幼兒。父母得學習分辨嬰幼兒的反應哪些是來自聽覺，哪些是視覺引起的。如：在遊戲時聽到門外的鑰匙搖晃聲而抬起頭來是聽覺反應、在孩子面前搖晃鑰匙引起孩子想抓取的反應主要來自視覺。如果不知如何觀察嬰幼兒聽覺行為，附錄 5.2 的聽覺行為觀察問卷範例（嬰幼兒有意義聲覺訊號整合測驗）是很好的工具，可幫助父母瞭解 24 個月以下的嬰幼兒或剛植入人工電子耳的幼兒聽覺行為。瞭解孩子的聽覺能力，有助於父母瞭解孩子在學習歷程中需要的協助和策略。

4.觀察嬰幼兒對口語的反應

語音指的是語言中任何音素或音素的組合，如：ㄚ、ㄏㄚ……，不一定要有意義。口語則不同於語音，它包含語言理解的部分。對口語的反應通常發生在聽懂詞彙之後（大約開始於十個月大到一歲左右），如：說「抱抱」時，嬰幼兒會把手伸出來；說「打打」時，嬰幼兒可能瞬間秒哭（也有可能是因為聽到嚴厲的聲調特質）。所有對口語的反應都是整合了聽覺、視覺和情境線索，非聽覺線索比聽覺線索提供的訊息更多，就如第一章所述，這是大腦皮質學習語言的自然歷程。聽力檢查室使用純音所做出的聽力圖，無法預測語言的發展，除了純音在生活中不存在外，最重要的是，語言的學習天生就不是單一感官（聽覺）可以習得的。如果父母觀察到嬰幼兒的聽覺行為和對口語的反應不對稱（聽覺行為反應差但對口語反應好），顯示嬰幼兒善用了多感官訊息，等到嬰幼兒反應穩固了，父母可以在適當的機會排除非聽覺線索，觀察嬰幼兒的口語反應。如反應比之前好，表示多感官的神經迴路在經驗整合中，提升了聽覺能力；如果出現

了與前述相反的不對稱（聽覺行為反應好但對口語反應差），也許是聽損類型所致，也許是其他因素，父母要尋求專業協助以瞭解原因。

5.注意聽損嬰幼兒口語中語音的變化

嬰幼兒口語的發展從無意義的發音、有意義的發音、模仿發音到說出有意義的詞彙，最重要的關鍵是聽覺回饋機制的形成，嬰幼兒才知道用聲音影響環境，模仿聽到的聲音。嬰幼兒剛選配好輔具時，父母要用心觀察嬰幼兒戴與不戴輔具時口語的變化：聲音變化多了、企圖模仿聽到的聲音、修正自己的發音、更會用聲音表達需求等。這些變化都和聽覺能力和輔具效益有關，只是嬰幼兒的氣質、聽損類型和程度、有無其他障礙等因素，會影響口語變化出現的時間，父母要耐心等待並仔細觀察。

6.觀察是否出現異常行為

除了前述要觀察嬰幼兒聽覺或口語表現，還需觀察是否出現其他異常行為，如：當嬰幼兒能穩定配戴助聽輔具後，突然出現拉扯助聽器或拒絕配戴、沒有原因的愛生氣、異於平常的安靜、活動量變少、愛哭、黏人、聲音變少等行為，父母要提高警覺是否輔具、配件有問題（如：剛換新耳模）或聽力產生變化。

7.使用觀察記錄報告

觀察嬰幼兒的聽力、口語及語言發展的變化，是一件需要持之以恆的工作。很多細微的變化容易被忽略或遺忘，透過長期持續地觀察記錄，才能看到發展的趨勢，以便及早處置。許多父母會覺得要觀察的內容多如麻，如何才能系統化地記錄？婦聯聽障文教基金會為了協助父母養成正確、良好的觀察習慣，發展出各式記錄單，是很好的自我成長工具；只要照著內容每天逐項記錄，很快便會成為觀察高手，嬰幼兒的一言一行都難

逃法眼。

8.準備一些緊急醫療、聽力評估單位的名單備用

　　平常就要蒐集在時間和流程上比較有彈性的醫療、評估單位，當嬰幼兒有突發狀況或疑似聽力變化時，便可安排即時的檢查和適當的後續處置。

🌱 維護殘存聽力

　　嬰幼兒的殘存聽力會反映出聽覺潛能，所以要好好保護。除了基因缺損的病理造成聽力逐漸損失，最常見影響聽力的是疾病和過大音量等後天因素所致。嬰幼兒疾病中最普遍的是中耳炎，中耳炎對聽損嬰幼兒造成的影響比一般嬰幼兒更為嚴重，即使在病發的早期，沒有造成聽力進一步受損，也會影響助聽輔具的效益。因此，感冒時一定要至耳鼻喉科就診，避免任何可能傷害聽力的情形發生。以下是保護殘存聽力的參考措施：

1. 進行聽損基因檢測，注意是否為易受藥物影響的聽力族群。
2. 選擇專業的聽力師進行輔具的選配，留心最大輸出量的設定。
3. 避免暴露於高噪音的情境中。
4. 良好的營養攝取及環境衛生，可降低上呼吸道感染的機率。
5. 生病要及時就醫，特別是感冒或高燒。
6. 定期至耳科接受檢查及聽力追蹤。
7. 頭部劇烈撞擊後應立即進行聽力檢查，確認聽力有無變化。

選擇適當的輔具並瞭解其幫助及限制

　　在幫嬰幼兒選配助聽器之前，父母應先瞭解助聽器的基本運作原理，以及能給孩子的幫助及限制。

1. 助聽器不能恢復聽力，只是擴大聲音

　　助聽器的基本組成要件有三個：麥克風、擴大器及喇叭。麥克風負責將四周的聲音收集進來轉換成電能，接著由擴大器將此能量放大，最後再透過喇叭將電能轉回為聲音，從耳鉤處傳出（如圖 5.1）。助聽器本身只是將麥克風收到的聲音擴大到聽損者可聽到的範圍內，並沒有將聽力恢復至正常的神奇功效。如：聽損 50 分貝的嬰幼兒，戴上助聽器後雖然能聽到 20 分貝的聲音，並不代表聽力恢復正常了。

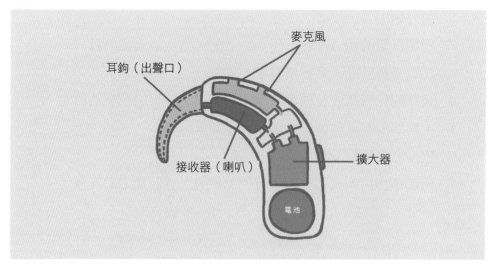

圖5.1　助聽器基本組成要件及接收聲音示意圖

2.助聽器會壓縮原來的聲音訊號，壓縮程度與殘存聽力呈反比

助聽器是先將聲音放大後再壓縮至聽損者可聽的範圍內，所以聲音一定會有不同程度的失真。再加上受損的內耳毛細胞因解析能力變差，助聽器雖可幫助察覺較小音量的聲音，但卻無法保證改善語音辨識能力，也就會影響嬰幼兒將來的口語及語言發展。另外，聽損造成聲音解析能力變差，會極大程度地影響在噪音中的聽取能力，因此若把助聽器調得很靈敏，嬰幼兒雖可察覺到很小的聲音，但同時也會聽到環境中的各種噪音，而干擾語音的接收與辨識。

3.助聽器尚無法處理聲音訊號在時間向度的變化

聽清楚聲音需有三個要素：能辨識音量大小、頻率及時間，目前的助聽器科技還未能有效解決時間處理的問題。當聽損使處理聲音時間的能力受損時，不同語速、聲調及噪音中聽取等能力都會受到影響，這是助聽器無法改善的。

4.助聽器設定完成需要經過驗證，才能確定輸出增益量的適當性

為了確保助聽器的設定是適當且符合嬰幼兒所需，在完成助聽器設定後，需進行主客觀的「驗證」。客觀的驗證是指不需透過嬰幼兒的反應來驗證助聽器的功能，如：使用助聽器聲電分析儀（如圖5.2）驗證助聽器的輸出音量。主觀的驗證則是依靠嬰幼兒的主觀感受來驗證助聽器的效益，如：效益量表。進行增益量的驗證時，除了使用一般說話音量（65分貝），還會使用小聲說話音量（50分貝）及大聲說話音量（75分貝），來測試助聽器接收的語音訊息為何。另外，還會以90分貝的輸入音，來瞭解助聽器輸出可達到的最大音壓值是否超過不舒適值，這是為了避免過大的增益量引起不舒適或使聽力進一步受損。有時候最大輸出量設定太低

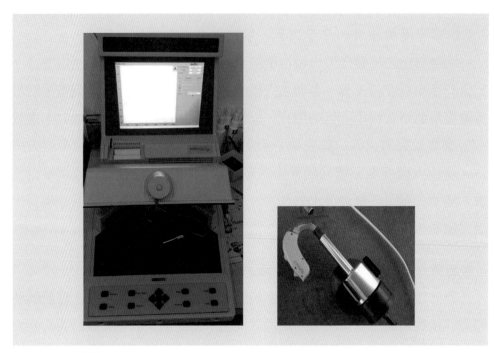

圖5.2　助聽器聲電分析儀，及測試箱內連接耦合器的助聽器

也會引起聲音過度壓縮造成扭曲，特別在聽力損失程度較重、可聽範圍小於 30 分貝的情形；聽損嬰幼兒選配助聽輔具的主要目標之一，是為了讓嬰幼兒能夠接收到最多且最少扭曲失真的語音訊息。最後，助聽器是電子產品，隨時會有損壞的可能，上述的驗證程序，不是只在初次選配助聽器時要進行驗證，在每一次例行聽力檢查時，也需同時進行輔具功能檢查及上述的驗證流程，才能確保助聽器是在最佳功能下運作。

5.助聽器的設定要因應嬰幼兒的成長持續進行微調

　　嬰幼兒的外耳道仍在持續長大，外耳道的形狀大小會影響聲音的變化。當外耳道較細小時，高頻率的聲音就比較容易在此擴大；當外耳道變寬變大時，對高頻率的天然擴大效果就會降低。所以在聽力沒有產生變化

的前提下，嬰兒九個月大時所需的高頻增益可能就會比在四個月大時所需要的增益量多。此外，當聽力產生變化時，所需要的增益量及頻率反應也可能需要調整。

6.助聽器效益不佳時，應盡速尋求解決之道

配戴助聽器三至六個月，嬰幼兒仍未有明顯的進步，應盡速找聽力師瞭解助聽器的適當性。如果助聽器效益有限，而父母仍期待孩子使用口語為主要溝通模式，就要及早至醫院安排人工電子耳評估。

人工電子耳對聲音的處理和助聽器截然不同，相同的是都無法使聽力恢復。以下是人工電子耳的基本運作原理、能給孩子的幫助及限制：

1. 人工電子耳是經由手術將電極放入功能不彰的耳蝸內，植入的部分除了電極，還包含接收外部刺激及編碼指令的接收器（如圖5.3）。植入的電極大部分只能涵蓋一圈半的耳蝸（發育完整的耳蝸有二圈半，全長約 31 mm），所產生的頻率知覺與植入電極的分布位置也會相關。人工電子耳需經由語言／聲音處理器將環境

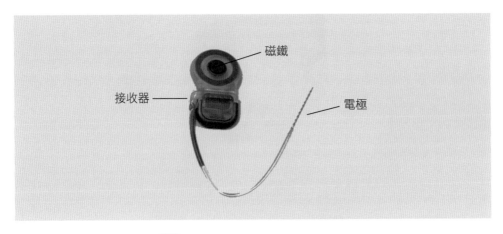

圖5.3 人工電子耳植入體示意圖

中的聲音加以處理編碼，再由傳輸線圈將編碼後的指令傳至植入的接收器（如圖5.4）。由於環境中聲音能量分布範圍很大，人工電子耳無法完全處理，因此聲音能量首先需要被壓縮，植入者所產生的聽知覺也會不同於聽常者。

2. 人工電子耳語言／聲音處理器的編碼，目前對聲調的處理及音樂旋律的處理尚未達理想，所以想透過人工電子耳學習音樂或唱歌，困難度較高。

3. 電子耳要能有良好的運作，需要功能良好的聽神經來接收電刺激。因此，若是孩子的聽神經發育不良或功能異常，電子耳所產生的效益也會受到限制。

4. 電子耳的設定最主要在找出植入者能接受的最大電流，以及可察覺聲音的最小電流值。驗證方式目前尚未有共識。一般常用助聽後聲場的察覺閾值來驗證植入效益，但所得結果僅能表示聽者所

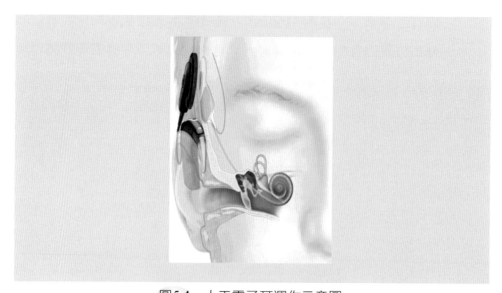

圖5.4　人工電子耳運作示意圖

圖片來源：感謝澳洲科利耳公司（Cochlear Co.）圖片提供

能察覺的最小聲音，還需語音察覺、辨識測驗或聽覺行為量表來輔助驗證其效益。

5. 植入人工電子耳的幼兒多數至少有一年以上的時間，大腦對聲音的處理是沒有完整經驗的，因此，父母在孩子植入人工電子耳後，還需要與早療人員共同合作，有效協助聽損幼兒的聽覺學習旅程。

🌱 助聽輔具的管理

助聽輔具和一般電子產品一樣，正確使用及勤加保養能讓使用效益及年限提升。父母需要學習輔具管理的各項知能，就如新手父母要學習如何照顧寶寶一樣，等嬰幼兒逐漸長大，就應教導他們認識輔具、操作輔具、愛護輔具，一如愛護自己的身體一樣。

正確操作輔具

在助聽輔具完成設定及驗證後，父母首先需要熟悉如何正確地操作：電池放置、開關電源、各按鍵的功能、遙控器操作等，都需要經過多次的練習才能熟悉。家長可依助聽輔具的操作手冊或婦聯聽障文教基金會所發展的「輔具檢核表」（參見附錄 5.1）逐一練習各項功能的操作。

正確為嬰幼兒配戴或取下輔具

在聽力師調整好助聽輔具後，家長可能還需要很多次的練習才能熟練地幫孩子配戴輔具、取下輔具。由於耳掛型助聽器是大部分聽損嬰幼兒使用的第一個聽覺輔具，因此需要學會辨識連接助聽器的耳模是左耳或右耳。現在有許多貼心的設計，利用顏色的標示來幫助父母辨認是哪一耳的

耳模（如圖 5.5a）。如同助聽器標示左右耳的方式，紅色代表右耳、藍色代表左耳。配戴時，爸爸媽媽需要先找到出聲孔（如圖 5.5b），並確認出聲孔沒有被耳垢堵住且耳管也沒有突出於出聲孔後，就可以把耳模的出聲孔朝向孩子的耳道口；耳模可略為傾前（如圖 5.5c），利於塞入彎曲的外耳道中。

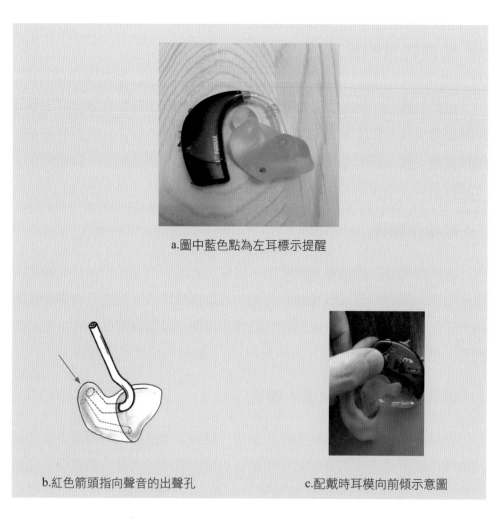

a.圖中藍色點為左耳標示提醒

b.紅色箭頭指向聲音的出聲孔　　　　　　c.配戴時耳模向前傾示意圖

圖5.5　正確為嬰幼兒配戴輔具助聽器

　　當孩子更換新的輔具時，如：電子耳，父母除了需重新學習正確操作方法，也須盡快熟悉新的配戴方式。

助聽輔具固定技巧

　　由於新生兒聽力篩檢的全面實施，聽覺損傷可以在很小的時候就被診斷出來，這也同時增加輔具配戴時的挑戰，如：六個月以下的嬰兒，由於頸部發育尚未成熟，多是躺臥的姿勢，因而容易產生回饋音；有些嬰幼兒耳朵很小或很軟，無法支撐助聽器在耳後的位置；學步期的嬰幼兒常因活動量較大而導致輔具時常脫落等。下列為常見固定助聽輔具的方式，提供父母參考：

固定配件	說明	範例
髮　帶	利用彈性髮帶，縫上可以固定助聽器或電子耳的鬆緊帶或小口袋，讓助聽器可以不用直接壓在寶寶柔軟的耳朵上。但要注意麥克風的收音方向和較長的耳管，是否會影響增益量。	
帽　子	利用透氣布料製作帽子，將助聽輔具固定。對於不喜歡戴帽子的嬰幼兒或悶熱的夏天，則較不適合。	
固定貼	利用雙面的貼紙將助聽器固定在耳後。因需天天更換，對敏感皮膚的嬰幼兒較不適合。	

（續）

固定配件	說明	範例
保護夾	利用套環及夾子來固定助聽輔具。有些電子耳款式可以利用短線或長線將電池和主機分開，減輕耳朵的負擔。	

協助嬰幼兒建立良好的配戴習慣

　　有了功能正常的輔具，還需要輔具能發揮功能，也就是要確確實實戴在耳朵上，而不是放在抽屜裡或除濕盒中。常見有些父母，覺得孩子的聽力損失很輕微，跟他說話都聽得到也聽得懂，所以就只有上課時間才配戴。事實上，當我們運用聽覺來學習語言時，不一定都是經由直接教導，如：告訴孩子物件的名稱。年幼的孩子有一半以上的經驗是由間接學習得來的，也就是說，孩子可能是在父母身邊玩耍時，利用「跨聽」（指聽到自己未直接參與的談話）的能力得知父母在跟他人說些什麼，因此，全天候配戴輔具是非常重要的。嬰幼兒是以隨機學習為主要的學習方式，所以時時能完整地接收遠近、大小的訊息，對嬰幼兒認知語言的發展影響深遠。

　　每一個孩子都是經由父母的回應學習到對自己的認識，當父母允許孩子可任意取下輔具或只在心情好時才配戴，孩子可能從中學習到父母對輔具的態度，聯想到父母不是很喜歡他戴輔具、認為你會因他感到丟臉，進而對自己產生不好的觀感。

如果孩子出現抗拒配戴輔具的情形，父母要先釐清原因再採取行動：

1.耳模

耳模可能會引起孩子不舒服或疼痛。孩子初戴助聽器時常因耳模造成的異物感而排斥，建議塗抹適量的凡士林，以減少耳模與耳道皮膚摩擦產生的不舒適。另外，盡量用孩子感興趣的事物轉移注意力，等聲音對孩子產生意義時，孩子便會接受或適應配戴助聽器。疼痛感不同於異物感，通常是因為耳模的不適當所引起，如：耳模太大、破損、不平滑、耳管突出於出聲孔等，一般而言不會因注意力轉移就不痛了。父母應仔細觀察孩子的反應，當一戴上耳模，孩子就扯下或啼哭，可能是疼痛的原因，此時應先檢查耳模。此外，耳管剪太短也可能造成助聽器壓迫耳朵上方，使得耳朵變紅不舒服。

2.音量太大

通常是太大的最大輸出限制或聽閾值設得不恰當所造成。當排除耳模引起的不舒適因素，孩子仍然拉扯助聽器，有可能是因為孩子實際的聽力比測得的聽閾值佳，或者孩子的音量需求比處方法建議的目標增益量小，以致助聽器增益值過大，在比較吵雜的地方，或環境中突然出現大聲響，孩子會覺得不舒服而拒戴助聽器。建議持續聽力追蹤和調整增益量或最大輸出音量，待孩子能持續配戴後再視狀況調整。若是孩子配戴輔具後因為聲音出現而有驚嚇反射、眨眼、哭泣等情形，應立刻與聽力師聯繫，而不是強迫孩子持續配戴。

初次使用人工電子耳的孩子也很容易出現抗拒的情形。當孩子抗拒的表現非常強烈時，很可能是還不能適應所給的電流量，此時可以先將電源關閉，觀察孩子是否對頭貼片也表現強烈抗拒，同時注意頭貼處是否出現紅腫或摸起來軟軟的，若有上述情形則應盡快與聽力師及手術醫師聯繫。

3.不習慣聲音的煩擾

一歲半或更大以後才開始配戴助聽輔具的幼兒，常因大腦已習慣沒有聽覺輔具的聲音而產生排斥。此時，可採取遊戲及漸進的方式，來協助孩子接收豐富又有意義的聲音。

4.引起注意

兩歲以上的孩子可能因為生氣、抗拒、需求不被滿足或為了獲得注意而拉扯助聽輔具。父母在孩子適應輔具的過程中，要特別注意自己的教養方式是否養成孩子制約大人的行為。

5.發展探索

很多孩子在二、三個月大就開始配戴輔具，在孩子發展對自己身體控制能力的過程中，有可能出現拉扯助聽器的行為。一般來說，六個月大的嬰兒透過手部來探索身體的能力較成熟，因此容易開始出現扯掉助聽器的動作。一歲半以後的學步兒則傾向表現個體獨立性（我會、我可以）而把助聽器拔下來。要如何分辨是發展的因素，還是上述可能造成孩子抗拒輔具的原由，有賴父母仔細觀察並給予適當的引導。

6.氣質

每個孩子都有與生俱來的獨特反應方式（見第六章），瞭解孩子的氣質特質可以協助父母調整協助孩子配戴輔具的方式。

助聽輔具的維護方法

助聽輔具在經過專業聽力師適當地調整及驗證後，並不表示就能永久維持在最佳狀態。特別是負責收音的麥克風很容易受到濕氣、汗水的影響而鏽蝕，或降低其原本的功能；台灣是海島型潮濕的氣候，如未適當地保

養照顧，容易使助聽輔具的使用壽命減短。因此，將助聽輔具配戴在孩子的耳朵之前，一定要檢查輔具的功能是否維持在最佳狀態。父母應在每天固定的時間、固定的地點用下列的方法檢查助聽輔具：

1.用「眼睛」看

看輔具的外觀有無裂痕、水漬、鏽蝕、鬆脫、髒污等狀況，以及功能按鍵位置、燈號警示是否正確。

2.用「耳朵」聽

聽輔具的音量是否異常、音質是否扭曲、是否出現雜音等。雖然有些聽力師可能認為不需要去「聽」輔具的聲音，因為對未受損的耳朵來說怎麼聽都是失真的聲音。但是，Boothroyd（1988）仍建議藉由每日的監聽，仔細比較所聽到的聲音訊號，就可以累積出偵測助聽輔具異常所需的「監聽」能力。

3.用「手」操作

檢查輔具時，有些工具是必備的，如：監聽耳機、除濕盒、電子耳專用測試器、測電器、吹氣球、乾布、清潔刷等。為了協助父母學習如何正確維護助聽輔具，婦聯聽障文教基金會準備有助聽輔具基本保養包（如圖5.6），並發展了「助聽輔具檢核表暨語音距離察覺圖」（參見附錄5.1），可以輕鬆地完成助聽輔具的檢查。另外，別忘了定期清洗耳模，建議可以每週進行一次清潔；要注意，一定要在耳模充分乾燥後才可以連接助聽輔具。

除了每日在家進行上述基礎檢測，助聽輔具至少每六個月要送至助聽輔具公司進行專業檢測及保養，若是孩子的流汗量較大，則應考慮增加檢測保養的頻率。專業的助聽輔具公司應配置標準的真空除濕設備、助聽器

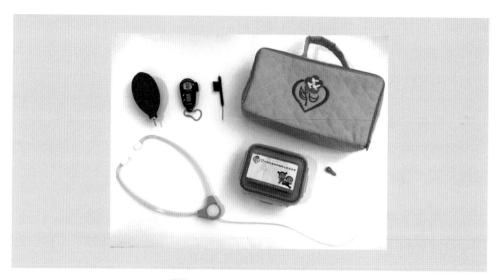

圖5.6　助聽器保養包示意圖

測試箱及聲電分析儀，除了進行輔具深層的清潔保養，還應透過聲電分析儀檢測輔具各項功能及誤差值是否如規格建議書上所示。

訓練孩子建立輔具管理的能力

近年來的統計發現，越來越多的聽損幼兒就學時，是學校唯一一位聽損學生；雖然目前大部分學校可以申請聽障巡迴輔導老師的服務，但是學校普遍缺乏對聽損有足夠知識的專業人員，可以解決聽損學生臨時發生的問題，因此，盡早讓聽損幼兒發展出在不同年齡的輔具管理知能更形重要。當孩子年紀還小的時候，例行檢查由家長負責；當孩子漸漸長大，肢體動作、語言和認知能力都比較成熟的時候，就可以開始讓他們學習照顧自己的輔具、主動反應輔具的聲音狀況，維護輔具的責任應慢慢從父母的手中交還給孩子，培養孩子對自己輔具一輩子的責任感。

（輔具管理能力的目標

　　根據一份國外的輔具管理建議（SEAM—Student Expectations for Advocacy & Monitoring Hearing Technology, Wright & Anderson, 2014），大約到了三歲，孩子就應該發展出自行配戴輔具，並執行簡易自我測試的能力，這些能力可以從孩子兩歲時想要自己嘗試動手開始。在台灣，婦聯聽障文教基金會針對 100 名聽損兒童的調查發現，平均四歲後才有一半的兒童發展出正確取下輔具的能力，能夠正確配戴則大多要等到五歲以後。事實上，還有許多的聽損幼兒在即將入小學時，都還未能發展出自行配戴輔具的能力，由此看來，台灣的父母對聽損孩子有些過度照顧。因此，基金會將幼兒的輔具管理能力列入個別化服務計畫中，需要父母一同投入耐心和努力，培養良好的輔具管理能力。

　　以下介紹輔具管理能力的五項長期目標：

1.全天候配戴輔具的習慣

　　研究顯示輔具配戴時間與將來的口語發展能力相關，每日配戴助聽器 10 小時以上的聽損嬰幼兒，語言發展較每日配戴助聽器 10 小時以下的嬰幼兒佳（Tomblin et al., 2015），未能持續地配戴輔具對嬰幼兒的學習及發展有負面的影響。

2.正確取下及配戴輔具的能力

　　在幼兒尚未習得如何正確取下輔具時，父母很自然的會去做這件事，孩子也理所當然的等父母拿下。如果教導他們學會請媽媽或爸爸幫忙取下，孩子會意識到這是自己要學習的事，成人也要在孩子手功能發展好時，教導孩子如何自己取下。通常發展取下輔具的能力會先於配戴輔具的能力，在替孩子配戴時，除了將每一個配戴步驟的小細節說給孩子聽，也

可以請孩子協助部分配戴工作，如：協助把助聽器放回耳後或把電子耳頭件貼好等。

3.主動反應輔具有無聲音的能力

兩歲半左右可以開始和孩子玩「有沒有？」的遊戲，把其中一耳或兩耳的助聽輔具電源關閉（或不放電池），看看孩子是否能以聲音或手勢指出沒有聲音的助聽輔具。若是孩子聽力損失程度較重，可先於每次配戴助聽輔具時即同時教導「有聲音」和「沒有聲音」的概念，學會後就可以主動反應。隨著孩子年紀漸長及認知概念發展，可以依序教導孩子表達聲音的大小、高低、粗細或學習模仿聽到的警示音。

4.培養正確操作輔具的能力

從開關輔具、更換電池到為調頻輔具充電，每一項能力的成功建立，都是孩子自我成長的一大步。不僅能有效解決自己的問題，更影響自我觀感，成為情緒社交發展的重要基礎。

5.教導孩子愛惜輔具

用溫和堅持的態度告訴孩子，輔具像自己心愛的玩具，要好好保護，並示範保護輔具的方式，孩子可藉此學習到父母對輔具的愛護。輔具取下後放在固定的防潮設備中，可以請孩子協助放好，並用孩子能理解的話語，告知輔具放在防潮箱的原因（如：它喜歡在乾乾的地方、濕濕的會生病……）。

建構理想的聆聽情境

聽覺損傷造成聽覺系統在處理聲音訊號時發生質與量的改變，使得

聽損嬰幼兒在生活環境中，喪失了許多隨機學習的機會，也因此影響認知、語言習得的成效。嬰幼兒在剛配上助聽輔具時，大腦還停留在過去的聽覺經驗裡，有些孩子只有輕度聽損，沒有養成傾聽習慣；有些孩子因聽損嚴重，已養成視覺優先的習慣；有些孩子則是聽覺技巧尚未發展完成。當輔具介入帶來更多、更完整的聲音訊息時，大腦需要優質的聲音和過去的認知經驗整合，產生新的連結，重新聽出聲調和音素中的些微差異、聲音和物件的連結、聲音的自然界線和意涵等。這些能力的發展，需要父母運用上述聽力學管理的知識和調整自己說話的方式，為孩子創造出一個理想的聆聽情境：

1.在孩子的「能聽範圍」及「最佳聆聽範圍」間與孩子互動

　　聲音是一種能量，會隨著距離的增加而漸漸減弱，專注聽聲音是聽損嬰幼兒首先要建立的態度，即使輕度聽損，也要注意聽才能聽出音素中的特質。大腦天生會注意新鮮有趣、引發情感的事物，父母可將聲音結合在孩子擅長、感興趣的事物上，由視覺（父母的表情）引導到聽覺的注意；在親子五感活動中配上兒歌、唸謠；透過說故事、角色扮演展現聲音的豐富變化，讓聲音自然而然成為生活的一部分。當孩子在近距離的活動中已能注意聲音的有無，便可開始在生活中經驗不同距離的聲音，提升認知語言的學習。

2.提升聆聽品質，避免環境噪音或回響

　　不論是使用助聽器或人工電子耳，都無法完全取代耳朵的功能，如果學習環境中再出現不利聽取的因素，對正常聽力的人或許影響不大，但是對聽損嬰幼兒的學習就會造成極大的影響，這些不利聽取的因素包括：與說話者的距離、噪音、回響。距離的問題前面已說明，噪音和回響是生活裡無法避免的現象。聽覺皮質在建立資料庫時聲音越清晰，之後類比的速

度、正確率就越好。所以如何在嬰幼兒學習聆聽之初減少環境中如操場、餐廳的噪音（馬達、腳步、家具等聲響）和回響（如大賣場的廣播、運動館內的聲音等）是父母的重要課題，但當孩子認知、語言、聽覺技巧都已發展成熟，就要加強在不利聽取環境中的聆聽能力。

3.瞭解嬰幼兒發展的需求

對嬰幼兒來說，聽到用腳踢床欄杆的聲音，是他探索世界的有趣活動，但對照顧者來說，卻可能是惱人的噪音；相反地，媽媽不斷用聲音測試孩子，對媽媽而言具有意義，但對嬰幼兒就是一件苦不堪言的事。這裡「有意義的聲音連結」是從嬰幼兒的視角出發，而「不必要的干擾聲音」指的是如饒舌歌般的語言輸入。我們常見有些父母認為語言輸入很重要，因此對嬰幼兒或自己正在進行事件的每個細節都配上旁白，一天下來親子都很疲憊，關係自然也不好。語言最初的功能是溝通，不在於聽懂，而是情感的交流；嬰幼兒注意力短且認知語言的學習是在對話互動中展開，父母只要針對嬰幼兒關注的事物簡單地說明、解釋，接著等待幼兒回應，如此輪替溝通，就是最有意義的聲音連結。

瞭解聽力學管理並透過實際的執行，父母不僅具備了聽力知識，也清楚知道自己孩子的能力和限制，但聽力學管理的最終目標尚未達成，父母仍要繼續努力，協助孩子在不同的階段學會獨立管理的知識和技能，同時培養孩子瞭解自己的需求，以及面對負面眼光和溝通困難的挑戰時，需具備的自信和自我倡議的能力。這些能力的培養，從戴上輔具的第一天，就可以利用下列各種情境開始：

◉ 戴助聽器時說：「我在幫你戴耳模。」
◉ 輔具沒聲音時說：「我們來檢查電池。」

- 環境噪音出現時提出解決策略：「太吵了，我聽不清楚，把音樂關掉才能聽清楚你說的話。」
- 不當溝通距離時提出解決策略：「你離我太遠，我聽不清楚，你可以靠近些和我說話。」
- 回應他人對嬰幼兒助聽輔具的疑問：「這是助聽器／電子耳」，可以幫他（她）聽得更好和學說話。

　　第一章曾提到，成人都是幼兒的支持系統，如果父母願意放手從主導者成為支持者，就在嬰幼兒身上撒下獨立自主的種子，嬰幼兒就有成就自己生命藍圖的勇氣和力量。

參考文獻

管美玲（主編），邱文貞、張憶萍、管美玲（著）（2016）。**聽見問題：聽覺損傷兒童父母常見的問題與解答**。新北市：心理出版社。

Boothroyd, A. (1988). *Hearing impairment in young children.* Washington, D.C.: Alexander Graham Bell Association for the Deaf.

Tomblin, J. B., Harrison, M., Ambrose, S. E., Walker, E. A., Oleson, J. J., & Moeller, M. P. (2015). Language outcomes in young children with mild to severe hearing loss. *Ear and Hearing, 36,* 76s-91s.

Wright, G., & Anderson, K. L. (2014). *Building skills for independence in the mainstream: Developing independent hearing aid use & self-advocacy skills.* Plymouth, MN: Supporting Success for Children with Hearing Loss Publications.

附錄5.1　助聽輔具檢核表暨語音距離察覺圖

財團法人中華民國婦聯聽障文教基金會
助聽輔具檢核表暨語音距離察覺圖

學童姓名：＿＿＿＿　　助聽輔具：□助聽器　□人工電子耳

助聽器設定：音量＿＿＿；電子耳設定：程式＿＿＿，音量＿＿＿，靈敏度＿＿＿

輔具檢核表									語音距離察覺圖					
檢查項目　　　　　日期									內容距離	ㄋ	ㄨ	ㄚ	ㄦ	ㄙ
上課時攜帶保養包／監聽耳機	有無	有無	有無	有無	有無	有無	有無							
耳模　漏音	左右	左右	左右	左右	左右	左右	左右							
耳模　耳模易脫落	左右	左右	左右	左右	左右	左右	左右							
耳模　耳模破損	左右	左右	左右	左右	左右	左右	左右	日期／備註：						
耳模　耳模與耳管接點破損	左右	左右	左右	左右	左右	左右	左右							
耳模　耳模遺失	左右	左右	左右	左右	左右	左右	左右	內容距離	ㄋ	ㄨ	ㄚ	ㄦ	ㄙ
耳模　出聲孔被耳垢塞住	左右	左右	左右	左右	左右	左右	左右							
耳模　耳垢黏附在耳模上	左右	左右	左右	左右	左右	左右	左右							
耳模　耳管破損	左右	左右	左右	左右	左右	左右	左右							
耳模　耳管內有水氣	左右	左右	左右	左右	左右	左右	左右	日期／備註：						
耳模　耳管變硬	左右	左右	左右	左右	左右	左右	左右							
助聽器　電量不足或完全沒電	左右	左右	左右	左右	左右	左右	左右	內容距離	ㄋ	ㄨ	ㄚ	ㄦ	ㄙ
助聽器　電池座內潮濕或鏽蝕	左右	左右	左右	左右	左右	左右	左右							
助聽器　音量或音質異常	左右	左右	左右	左右	左右	左右	左右							
助聽器　電池潮濕或鏽蝕	左右	左右	左右	左右	左右	左右	左右							
助聽器　外觀破損	左右	左右	左右	左右	左右	左右	左右							
助聽器　電池蓋不密合	左右	左右	左右	左右	左右	左右	左右	日期／備註：						
助聽器　程式切換鍵未開在正確位置	左右	左右	左右	左右	左右	左右	左右							
助聽器　麥克風保護蓋脫落或髒污	左右	左右	左右	左右	左右	左右	左右	內容距離	ㄋ	ㄨ	ㄚ	ㄦ	ㄙ
助聽器　耳鉤鬆脫	左右	左右	左右	左右	左右	左右	左右							
助聽器　耳鉤內的阻尼受潮	左右	左右	左右	左右	左右	左右	左右							
電子耳　電量不足或完全沒電	左右	左右	左右	左右	左右	左右	左右							
電子耳　音量或音質異常	左右	左右	左右	左右	左右	左右	左右	日期／備註：						
電子耳　語言處理器或遙控器出現異常顯示	左右	左右	左右	左右	左右	左右	左右							
電子耳　程式設定異常	左右	左右	左右	左右	左右	左右	左右	內容距離	ㄋ	ㄨ	ㄚ	ㄦ	ㄙ
電子耳　音量設定異常	左右	左右	左右	左右	左右	左右	左右							
電子耳　靈敏度設定異常	左右	左右	左右	左右	左右	左右	左右							
電子耳　頭件或傳輸線功能異常	左右	左右	左右	左右	左右	左右	左右							
電子耳　外觀破損或有鏽蝕	左右	左右	左右	左右	左右	左右	左右							
電子耳　頭皮紅腫或破皮	左右	左右	左右	左右	左右	左右	左右	日期／備註：						
檢測人員簽名														

附錄5.2 聽覺行為觀察問卷範例

財團法人中華民國婦聯聽障文教基金會
嬰幼兒有意義聲覺訊號整合測驗
Infant-Toddler Meaningful Auditory Integration Scale （IT-MAIS）

兒童姓名：_____ 出生日期：__年__月__日 年齡：__歲__個月
填寫者：_____ 填寫日期：__年__月__日

施測原因：（例：新生、戴助聽器後三個月、開頻後一個月）
輔具：□尚無輔具 □助聽器 □電子耳

題　　目	從未	很少	有時	經常	總是
1. 孩子的語言行為有因為配戴助聽器（或人工電子耳）而有所改變嗎？	0	1	2	3	4
2. 孩子是否有發出可聽出是語言的完整音節或連續音節？	0	1	2	3	4
3. 在安靜的環境下，孩子是否自發性的對叫他的名字有所反應（在沒有視覺線索只有聽覺線索的情況下）？	0	1	2	3	4
4. 在噪音的環境中，孩子是否自發性的對叫他的名字有所反應（沒有視覺線索）？	0	1	2	3	4
5. 孩子在家中時，若未被提醒或敦促，是否會對環境聲音有自發性的警醒？	0	1	2	3	4
6. 孩子在新的環境當中，對環境中聲音會有自發性的反應嗎？	0	1	2	3	4
7. 孩子是否能自發性的認知日常生活當中每天都有的聽覺訊號？	0	1	2	3	4
8. 當只有聽覺線索而無視覺線索時，孩子是否能自動分辨出兩個不同說話者的聲音？	0	1	2	3	4
9. 孩子單只用聽的是不是能自發性的區別出語言和非語言性的刺激？	0	1	2	3	4
10. 孩子若只用聽的，能自發的把語調（生氣、興奮、焦慮）跟語義連結在一起嗎？	0	1	2	3	4

總分：　／40

備註：_____

6

瞭解嬰幼兒才能成為
稱職的夥伴

葉靜雯、管美玲

　　從媽媽拿到寶寶手冊那一刻，嬰幼兒便開啟了一生無法避免的「比較」旅程。在胎兒時，從抽血、影像、穿刺等方式，直接或間接地被監督成長是否順利；出生後，各種篩檢（當然包含聽力篩檢）、身高、體重、頭圍等測量，從頭到腳、從外到內無不被精心檢查過，才交到媽媽手中。即使如此，醫護人員仍不放心地叮嚀回家後要繼續望（觀察）、聞（味道）、問（看育嬰手冊）、切（撫摸），以期及早發現問題；爾後成長中的行為、心智、語言、心理、學業等預防性、補救性的評估，更是一路如影隨行，而這些評估數字常左右了家長的喜怒哀樂。事實上，評估通常只是身心局部現況的呈現，重要的是父母解讀結果的態度，以及如何在此基礎上調整環境（包含自身），讓自己成為嬰幼兒學習和溝通的稱職夥伴。

🌱 評估是為了瞭解嬰幼兒，但工具並不完美

　　「早期發現早期介入」這個鐵律，多數人都是從「有問題」的面向來做介入的依據，為的是能達到「預防」和「補救」的目的，所用的工具自

然是「找出問題」後再苦情的「貼上標籤」。但是從發現「特質」、「優勢」、「天賦」的面向出發，風景就截然不同，在發現的過程中會有許多驚嘆號。就嬰幼兒發展的觀點而言，我們要瞭解的是嬰幼兒的「全貌」而不是局部的好或不好，因為發展是身、心、靈全面連動無法切割。大腦科學、基因科學等最新的研究，對人類生理、生化、疾病、治療有了新的面貌，面對「發現」的最大困境是評估工具的不完美、不全面性，但在發展的浩瀚大海中，我們依然得靠它指路。如果我們把評估的結果當成瞭解嬰幼兒的參考資料而不是唯一資料，便容許了無限的可能。那麼，評估到底在評估什麼？

評估是從測驗心理學的視角看心理行為，大致可以分為認知性（智力、性向、成就、語言、視—動協調等），及非認知性或情感性（人格、興趣、動機態度和價值觀等）兩大範疇。主要是因為這些表現於外的心理行為，具有某些共同特性，使我們可以透過科學且具系統的方法，獲得可用及值得信靠的資料。截至目前，測驗工具已有數千套，常用的測驗數量也不在少數，我們使用時可依據不同的觀點和需求來進行選擇。當我們單純以行為測量的方式來看時，評估又可分為「非標準化」及「標準化」兩種測驗方式：

1.非標準化測驗

測驗編製較不受限，測驗目的及內容有具體目標，雖然有一定的施測程序，在實施、計分及解釋上彈性相對較大，但因未有常模的建立，一般多用於教育範疇，如：透過學校的考試，可以瞭解個別或全體學生是否習得了老師所教的內容，至於為什麼學不會，就不是考試的目標。

2.標準化測驗

測驗編製須符合系統化、標準化、客觀化及計量化的嚴謹過程，置有

大量的「行為樣本」，並以平均數和標準差等統計概念，為測驗所得到的分數找到合理的參照點，來瞭解受試者在常模樣本中分布的位置後，再進一步予以量度化，用數值（如：百分位數）來表示這個分數在團體中的位置（葛樹人，1991）。雖然標準化測驗編製過程嚴謹，但是以平均的方式找出常態範圍，要如何解釋平均數以上和以下的意義，則需要更嚴謹地看待。就如一件由一群人的肩寬、袖長、胸圍、身長的平均數做出來的衣服，要如何解釋合不合身的衣服或合不合穿的身體呢？

　　在台灣，一般坊間販售的測驗工具大多屬於標準化測驗，在類別上有溝通／語言類、智力、學科能力、性向、人格、生涯規劃、學習障礙、生活適應和發展／篩檢等九大類，以婦聯聽障文教基金會從事聽損早期療育為例，如考量受試者年齡及特殊性，較常選擇「發展／篩檢」類（如：零歲至六歲兒童發展篩檢量表）及「溝通／語言」類〔如：修訂畢保德圖畫詞彙測驗（PPVT-R）、零歲至三歲華語嬰幼兒溝通及語言篩檢測驗（CLST）、華語兒童理解與表達詞彙測驗（第二版）（REVT）〕等。美國嬰幼兒聽力聯合委員會提出：聽損早療要定期對嬰幼兒進行標準化的發展性評估，除了認知、聽語評估之外，還包含了「社會情緒評估」（衛生福利部，2014）。事實上，當我們檢視評估工具時，越小的孩子越沒有多面向且適齡的評估工具可呼應孩子全面性發展的需求。

　　標準化測驗工具的不完美與不足，致使我們需要使用非標準化的評量方式來幫助我們瞭解聽損嬰幼兒。Bagnago 和 Neisworth 認為早期介入基本上不是一個以測驗為基礎的過程；早期幼兒的評估是一個彈性、合作性的決策過程，在此過程中家長和專業團隊反覆修正他們共同的判斷，並針對服務需求達成共識，因此，所有的評估是要與服務或課程結合（廖華芳譯，2011）。婦聯聽障文教基金會除了運用標準化評量工具，還編製了

「0～2 歲聽損嬰幼兒教育課程手冊」（參見附錄 6.1），用檢核的方式在時間軸上觀察孩子在「聽覺行為」、「溝通行為」、「身體動作」、「社會情緒」及「認知探索」五個領域，幫助專業人員和父母瞭解孩子的發展現況和能力的起始點。

我們在第三章曾強調早期介入的長期目標是社會適應，它需要三種核心能力：學習能力、社交能力和情緒調節能力，這些能力自孩子出生後，便透過與家庭及其成員的互動中逐漸發展出來。嬰幼兒正向心理的發展，更是一切能力發展的基石，我們無法由溝通／語言評估的結果類推其他能力，也無法由現在的發展預測未來的表現，這個內隱能力是在父母的教養態度、親子互動、親子關係和情感連結中滋養出來的。父母若瞭解孩子的氣質與優勢能力，在與孩子親密的互動、回應、觀察時，便能找到親子契合的互動模式。

氣質是嬰幼兒與世界互動的方式

第一章提到，演化使得人類的大腦內建了超強的學習機制，但在同樣的機制下，每個新生兒從出生後就一直用自己的方式和世界溝通；為什麼有些孩子好帶，有些孩子則讓父母很揪心？人類心智和行為的顯現都仰賴大腦這個載體，而大腦神經迴路的設定有先天上的不同，對同一情境，沒有兩個嬰幼兒的反應會是一模一樣的。這些先天對內在和外在刺激的情緒和行為反應方式稱為「氣質」（王珮玲，2003），是在「潛意識迴路」運作，是相當固定、不易改變的，最重要的是，它會影響人際互動和學習方式。氣質和性格是不同的，氣質會影響性格，就像地基會影響房子，氣質提供了情緒和行為的建材，使性格可以在上面建構（洪蘭譯，2009）。父母如能瞭解孩子的氣質，就能在協助孩子學習和溝通的夥伴關係上加分。

氣質是一本無字天書，有待我們理解及發掘

　　長期以來多數人在準備為人父母時，多著墨在嬰幼兒的食（怎麼吃、吃什麼）、衣（保暖、親膚）、住（安全環境、規律生活）、行（行為、發展、疾病）等層面，在和嬰幼兒互動時也多以保護、教導的方式來呵護孩子的成長，在本身教養觀念的框架下，主導孩子的學習，而較少注意、瞭解孩子的氣質。然而氣質是一本無字天書，傳達給父母的是孩子先天帶來的潛藏意識，可影響的層面在早期研究認為有人格發展、社會互動能力、親子關係、依附關係和問題行為等。近年來的研究則認為氣質與情緒調節能力的發展密不可分，甚至還會影響言語──語言的發展（Conture, Kelly, & Walden, 2013）。

　　氣質是個複雜且多面向的概念，學者 Buss 和 Plomin（1984）認為氣質有三個特徵：情緒性、活動性和社交性。情緒性與嬰幼兒自我安撫的能力或被別人安撫有關；活動性是指嬰幼兒行為上的步調和活力；社交性則是指嬰幼兒對照顧者和陌生人的回應。而 Rothbart 和 Bates 則從情緒的「反應」和「自我調節」的面向，來解釋氣質的個別差異，這種行為和心理的控制能力，是在大腦的注意力系統，三歲前才逐步發展出來（雷庚玲、黃世錚、野餘合，2002）。如第一章所述，幼兒大腦前額葉（處理邏輯、理性）尚未成熟前，對外界的反應是由情緒及感覺所主導，所以此時期情緒展現相當直接快速，但隨著生理成熟及環境經驗的影響，自我調節會轉而主導孩子外在的反應模式，使得孩子有不同的行為表現或行為改變，形成獨一無二的個體。

　　沒有所謂理想的氣質，氣質本身沒有好壞，凡事都有兩面，因為氣質在不同的年齡階段會有不同的樣貌。有些孩子的氣質，在某一時期可能會讓父母覺得很好教養，但隨著時間的改變，反而讓父母覺得非常困擾及挫

折，如：幼小時堅持度不高，很好溝通調整，但到學齡時期對學習的不堅持，反而使父母煩憂。另外，相同本質的氣質展現在不同的事件上，也會讓人有不同的感受，如：堅持度很高的孩子，在爭吵時很難與人妥協或協調，常因此造成親子間的壓力，但是在學習上呈現的是持之以恆的態度及堅持，便是難能可貴的優勢。

國內外有關嬰幼兒氣質與家庭系統的研究中均發現，氣質與父母的教養態度是相互影響的，不同氣質的幼兒可能會影響父母與幼兒的互動模式（黎樂山，2007），也將導致不同的管教方式（王珮玲，2014），如：容易教養型的孩子對父母的行為有較正向的回應，也較能配合父母的管教要求，所以這種特質的孩子，父母比較會採取溫和的管教方式；相反地，如果孩子具有較難帶養的特質，如：活動量大、衝動性及堅持性較高、情緒不易安撫等，往往使父母因失去耐心或有挫折感，而常以主導性的命令、禁止和責罵等方式回應，同時父母也會有較高的焦慮及意見，於是變得更加嚴厲與不知變通，親子關係自然也惡化。這樣的問題是肇因於孩子還是父母？

找出與嬰幼兒氣質速配的教養方式

氣質能指引父母如何對待孩子，也是協助父母引導孩子情緒發展的重要寶盒；早期情緒調節能力是其他方面發展的基礎，和社會能力、認知學習及心理健康等息息相關（江秀英、李宜賢，2011）。聽損嬰幼兒的父母在幫助孩子發展語言時，為達目標常常忽略了孩子的氣質，而形成教的人累壞了、學的人氣壞了的窘境，或是孩子在學說話的感受中，漸漸發展出負面的心理特質。那麼，父母應如何觀察孩子的氣質並找出對應的教養方式呢？

1956 年，美國小兒科醫生 Alexander Thomas 與 Stella Chess 依長期追蹤的結果，將氣質分為九個向度，並於 1977 年進一步提出教養適配性理

論，認為行為是個人與環境互動的產物，孩子的行為如何被回應，往往才是行為最後結果的重要影響因素。所謂適配性是指孩子的氣質和其他能力與環境要求的契合度，在好的適配狀況下，將有較佳的自我概念（李宜賢等，2008）。如果從認知心理學的角度來看，父母內在認知或信念是形成教養態度的基礎，也影響著教養的行為與方法（黃琇青，2007）。現將 Thomas 和 Chess 定義的九種氣質行為和對應的教養原則摘要如表 6.1（張玲芬，2009；張黛眉，2012；黃美眉，2002）。

表6.1　氣質行為與教養原則

氣質向度	行為表現	教養原則
活動度	活動度（activity level） 指一天中孩子活動與無活動時間的比率，活動時表現出活動節奏快慢及活動頻率的多寡。	
	活動度高：活潑型的孩子，喜歡跑跳，總是顯得精力充沛。	可以多出去走走或提供發洩體力的活動，但過程中應注意安全上的照顧；好動不免莽撞或闖禍，不要常責備孩子，要調整環境。
	活動度低：安靜型的孩子，喜歡靜態活動，愛看不愛動。	可以給予多一點的時間，讓孩子完成該做的事、有多樣的玩具選擇，以引起對活動參與的動機。
規律性	規律性（rhythmicity） 即一天當中，孩子反覆性的生理機能，如：睡眠、清醒、飢餓、排泄等，是否有穩定的規律。	
	規律性高：孩子在睡覺、吃東西或大小便等生理時間，都如時鐘般地規律。	配合孩子的作息，讓孩子的安全感建立在生活的秩序上；若臨時有些改變，要提前告知孩子。
	規律性低：生理時間不規律。	不勉強孩子建立規律的作息，但盡量在固定的環境做同樣的事；若孩子常處於不餓不睏時，也要試著接受，不強迫也不促發孩子的負面情緒。唯一要堅持的就是晚上睡覺的時間，有充足的睡眠，才有好心情。

表6.1　氣質行為與教養原則（續）

氣質向度	行為表現	教養原則
注意力分散度	**注意力分散度（distractibility）** 是指孩子是否易受環境中人、事、物的干擾，而改變了原來正在做的活動，也就是很容易分心。	
	注意力分散度高：易被新事物或聲音干擾而分心，影響了自己原來的活動。	有負面情緒時，可以運用轉移注意力的方式來安撫，但需要專心的活動，就要減少外在的刺激。
	注意力分散度低：可以專注於自己的活動，較不受外在環境干擾。	專注於某活動時易讓人誤解為不理人，若此時要說明或交代事物，應先確認孩子有注意到你的介入，若被驚擾時則應有適切的安撫方式。
趨避性	**趨避性（approach/withdraw）** 指孩子對於第一次接觸的人、事、物或環境，表現出來的行為是接受還是退縮的態度。	
	趨避性高：孩子好奇心強，對於新刺激顯得較易接受。	社交型孩子可以多提供與人互動的生活經驗，但要提醒他可能忽略的危險。
	趨避性低：孩子較為害羞內向，對新刺激易表現出拒絕或是膽怯。	接受孩子的步調或是表現方式，不論孩子是旁觀型或是慢熱型，讓他用自己的方式伸出觸角。
適應度	**適應度（adaptability）** 指孩子適應新的人、事、物或環境所需要的時間。	
	適應度高：在新的地點睡覺、學習或飲食，都能很快熟悉。	可以帶著孩子旅行，較不需擔心生活中人或事的改變。
	適應度低：需要一段時間才能融入。	要有更多的耐心等待、安撫和陪伴，讓孩子有安全感，有時可以運用預告或是循序改變的方式。

氣質 向度	行為表現	教養原則
堅持度	堅持度（persistence） 孩子正在做或是想做某些事情時，遇到困難或挫折，仍能持續堅持或是放棄。	
	堅持度高：孩子一旦決定則不輕言放棄，會努力克服挫折，如：想辦法拿到或是大哭拒絕。	努力克服挫折或困難時，有時會顯得較為固執，父母要注意的是孩子用的方式是大哭大鬧還是其他正向的方式，再以適切的方式回應（轉移注意力或溫和地堅持），有時也可以提供較難的內容以挑戰孩子的堅持度。
	堅持度低：孩子易因困難或遊說而選擇放棄或是更換等，如：不會玩的玩具就收起來，或是改換別的。	不要提供太難的玩具或遊戲，可以視孩子的狀況給予較多的選擇，有時也可以將一件事分幾次完成，讓孩子較願意持續活動，也較能建立成就感。
反應強度	反應強度（intensity of reaction） 指孩子對於內在或外在刺激所產生反應的激烈程度。	
	反應強度高：孩子情緒反應明顯，讓父母很容易察覺及注意到，如：大哭大鬧、開心歡呼。	因情緒反應明顯，易讓人注意到喜怒哀樂的狀況，也讓人較有機會安撫，但如無法立刻安撫，就讓孩子先發洩完情緒後再進行安撫。
	反應強度低：孩子情感顯得較不明顯，如：悶悶不樂、安靜不語。	由於情緒表現較不明顯相對易受到忽略，因此要多觀察孩子微小動作所傳達的意義，有時要多和孩子說話，讓他感受你在關心他。
反應閾	反應閾（threshold of responsiveness） 指要引發孩子反應所需的刺激強度，也就是要多大的外在刺激才能引起孩子的反應。	
	反應閾高：孩子屬神經大條型，不太容易受到環境影響。	孩子對於某些需求的反應較不明顯，如：尿布濕、跌倒受傷等，故需要多觀察孩子的行為。
	反應閾低：孩子屬於較敏感型的，有時一點小事，就能引起孩子的吵鬧哭叫，如：尿布濕了、太吵了。	在感官和心理上易受到環境影響，因此睡前不要太多活動、環境布置不要變化太大，不要一下子有太多玩伴等。

表6.1　氣質行為與教養原則（續）

氣質向度	行為表現	教養原則
情緒本質	情緒本質（quality of mood） 指一天當中，孩子所表現出來的正向（開心、友善）及負向（不開心、不友善）情緒的比例。	
	情緒本質正向：總是笑口常開。	常保持愉快心情的孩子較討人喜歡，可以多與孩子唱歌、玩遊戲，但有時要協助孩子保持警惕心、學習表達負面情緒。
	情緒本質負向：每天看起來都是愁眉不展或是生氣、不開心。	較易發脾氣、哭泣、不開心的孩子，有時較不易親近，除了注意是否有引起不舒服的原由，還要多一點的關懷。父母自己常要表現正向情緒，讓孩子有機會學習合宜情緒的表達方式，有時也可以善用幽默感引導孩子樂觀看事情。

　　由外在行為去解讀嬰幼兒的心理、生理需求，不是一件容易的事，但所謂心有靈犀一點通，總是會發生在親子親密的互動中；父母一旦掌握了孩子的訊息和規律，接下來的夥伴關係便能水乳交融。孩子隨著父母的回應和引導，發展出親子間獨有的「愛的遊戲規則」，讓雙方的情緒反應可預測、可期待。許多研究指出，一般父母常使用「安撫」、「注意力轉移」、「工具式行為」或「認知調整」等策略，來引導處於挫折情境中的嬰幼兒調整反應（江秀英、李宜賢，2011）：

1. 安撫：用撫摸、規律的搖動或輕柔的話語，幫助受挫或情緒過度激動的孩子安定下來，通常在嬰幼兒時期較常使用。

2. 注意力轉移：藉由轉移注意力來協助孩子遠離挫折，以降低壓力或負向情緒，一般用在六至七個月的嬰兒。

3. 工具式行為：用各種方法，如：處罰、妥協、放棄要求或任由孩

子發洩情緒，來阻斷負向情緒來源，為的是防止負向情緒的產生，或是運用忽視的方式來減弱情緒的強度。

4. 認知調整：隨著孩子語言能力的提升，父母會用具有建設性的策略來處理孩子的負面情緒，如：用說理的方式，來協助孩子瞭解驚恐、沮喪或失望的經驗，說故事或角色扮演也是很好的方法，這是屬於父母主導性較高的方式，主要是引導孩子以不同的角度重新思考及認知造成情緒困擾的事情。

上述四種策略中，工具式行為屬於「非支持性反應」，如過於頻繁使用，會讓嬰幼兒失去瞭解及學習情緒處理的機會，容易形成壓抑及隱藏情緒的習慣；而安撫、注意力轉移及認知調整則屬「支持性反應」，有助於傳遞行為準則和規範，也能幫助嬰幼兒發展出有效的策略來調整自己的情緒。

瞭解孩子對外在世界的反應特質，意謂著父母的世界和孩子的世界對焦了，這是生命最美好的開始，接著孩子需要父母的協助，開啟潛藏能力，展開一生的學習。

🌿 智慧是天賦的學習能力

愛因斯坦說：「每個人都是天才，但如果你用爬樹的能力來斷定一條魚，魚一生都會相信自己很愚蠢。」天才，在古羅馬神話裡，代表著與生俱有的某項獨特才能；在文藝復興後，是指少數展現天賦的人才能得到的稱號。透過這樣的定義我們模糊地知道能力有很多種，只要有某項能力獨特就是天才，所以精確地說，應該是「某項能力是天才」。19 世紀末開始用智力測驗評估學生的學習能力，以語言、數理和空間三種能力作為能

力的指標，影響莘莘學子和教養觀念近百年。直到 20 世紀末心理學家同時是哈佛大學教授 Howard Gardner，從大腦科學的研究中，提出了多元智慧理論（theory of multiple intelligence, MI），該理論由神經系統的可塑性談到智慧發展的可能性，認為人類天賦的智慧至少有八種，因此引起教育界許多討論，並掀起教育改革的聲浪（莊安祺譯，2007）。哈佛大學教育學者 Todd Rose 更指出每個學生學習的取向不同，學校所用的標準測驗評量方式，可能讓「學習」成為天才的負擔，或者埋沒了天才，無法引出學習動機（親子天下，2015）。認知神經科學專家洪蘭教授（2012）也指出，教育的目的應該是讓每個人的長處得以發揮，而不是將所有人打壓成一個模子。

　　美國國家科學基金會用磁振造影來探討有效學習的方式，認為智慧是由神經連結的密度和方式來定義，而在生活中，智慧便成為一個人解決問題和學習的能力（洪蘭，2012）。Howard Gardner 指出，每項智慧皆具有核心能力，而每個人也都擁有多元智慧：語文、音樂、邏輯數學、空間、肢體動覺、內省、人際及自然，這八大智慧就是八種不同的求知方式，亦有其核心能力（梁雲霞譯，2001），簡述如表 6.2。

　　第一章裡作者呼籲「把學習的責任還給孩子」，並不是放任孩子自由探索，而是把學習的發球權交給孩子。半世紀以來，教養主流觀念多將孩子的許多問題歸於父母，而父母也大多依自己的經驗、喜好、便利、意志等安排環境。大腦科學的研究讓我們知道智慧的多元性，父母要廣泛提供孩子生活經驗，才有機會觀察到引發孩子專注和熱情的事物，孩子學習的渴望也將自動導引父母為他找尋更多學習的機會，因此，多元智慧要能真正發展，需要的是父母價值觀的改變。小兒科醫生 Levine 在《心智地圖》（*A Mind at a Time*）一書中指出，沒有任何一個心智須藉由乞討，去爭取原本就屬於它的獨特地位，父母所要做的就是丟掉陳舊的教養觀念，放棄

表6.2　多元智慧核心能力與求知方式

智慧	核心能力	求知方式
語文智慧	透過詞彙來思考，對語文的聲韻、結構、意義和功能的感覺敏銳，這些潛能表現在口語表達技巧、修辭或寫作技巧方面，進而運用語文創造。	透過書寫、口語及閱讀等各個語文層面來學習。
邏輯數學智慧	透過問題來思考，具有邏輯推理、運用程式、瞭解因果、解決問題、運用策略等能力。	透過發現問題、提問（問他人或問自己）、找答案來學習。
空間智慧	透過圖像或三度空間來思考，有構圖、重組物件、轉換空間、在混亂空間中找到定位等能力。	透過視覺元素，如：圖畫、表格、色彩、形狀、符號等來學習。
肢體動覺智慧	透過觸摸和運動來思考，手眼協調、身體平衡、操作物件等能力佳。	透過整個身體的運動、移動、姿勢、操作來學習。
音樂智慧	透過節奏和旋律來思考，對節奏、音階、音色等的感覺敏銳，擅長對聲音的記憶、分析或利用聲音來創造等能力。	透過聲音的震動、節奏及音色的形式等來學習。
人際智慧	透過別人對自己想法的反應來思考，有同理別人、讀懂肢體語言、觀察別人情緒、意圖和欲望等能力。	透過與人互動、溝通、合作等方式來學習。
內省智慧	透過自我反省來思考，有瞭解自己優缺點、自我調節、自我信念的覺知、自律自尊自知等能力。	透過自我省思、後設認知，或反省過去、分析現在、預測未來等方式來學習。
自然智慧	透過類型來思考，有觀察事物特質、異同、類別、關聯等能力。	透過觀察動植物各項細節進行比較和分類來學習。

塑造孩子符合自己心中的完美圖像，懂得用欣賞、尊重、肯定屬於孩子獨有的心智，無形之中也幫助孩子認識到自己的優勢（蕭德蘭譯，2004）。就像龜兔賽跑的故事中，烏龜和兔子各有其擅長的地方，當烏龜跑步輸了的同時，也會知道若與兔子比賽游泳的結果；重點不在輸贏，而是有能力看見及尊重自己和別人的優弱勢能力，找到自己開心學習的成長道路。

所有的學習都不會只運用到單一的智慧，但優勢智慧是孩子學習動機最強的入口，也是創造出成長空間最大的領域，進而將習得的能力，運用到其他智慧的學習，這是每一位孩子都可以擁有的最佳學習方法。父母多認為聽損使孩子的語言註定為弱勢能力，這是不正確的，有些聽損孩子剛開始語言呈現落後的狀態，一旦掌握了語言規則（符合孩子需求的語言符號），語言的優勢能力就展露無遺。但不論語言是不是孩子的優勢能力，聽損嬰幼兒在學習之初都很難發現，父母便需幫助孩子發現自己的其他優勢智慧，從而提升語言學習的效益。父母只要運用婦聯聽障文教基金會編製的「多元智慧檢核表」（參見附錄 6.2），在自然的生活情境中觀察孩子行為出現的頻率，給予 0 至 3 分，就能發現孩子被自己所輕忽的某些喜好，竟是他學習動機、自信心的肇始之處。圖 6.1、圖 6.2、圖 6.3 是三個聽損幼兒的實例，可以看出智慧光譜和幼兒行為、學習之間緊密的關聯。

當然，智慧有自己呈現的時間表，也會動態改變，優勢不一定永遠是優勢，而弱勢也不一定永遠是弱勢；有時需要等待發展、有時需要等待時機、有時需要等待一個觸動，但不容置疑的，智慧在相互牽引的學習中，才能全面開啟孩子的潛在能力。圖 6.4 的實例，小碩（化名）來到本會學習之初，呈現的是肢體智慧優勢，而人際智慧是其弱勢；進入團體班後，經歷豐富多元的課程，不到兩年的時間，各項智慧平均發展，整體學習能力提升，認知、語言也從落後，進步到與同儕相當。最重要的是，小碩的人際互動能力，讓老師們對於他能順利轉銜到主流學習模式感到放心。

多元智慧檢核是一個並非和別人比較的自我發現之旅，發現孩子學習驅力的所在；用這個驅力創造自己的學習能力，讓孩子成為一個自信的學習者。

三歲三個月的小甄

任何時候看見小甄，都可以看到她可愛的笑容；與人互動時也都能保有一定的禮貌及應對。

邏輯數學	自然	人際	內省
31	37	52	45

肢體動覺	音樂	空間	語文
46	27	34	34

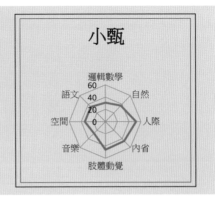

圖6.1　小甄多元智慧光譜圖

三歲六個月的小華

精力旺盛的小華，凡事喜歡自己動手做，生活獨立性佳；與人交談時也總是手舞足蹈表情豐富，課程中的角色扮演及操作跑跳等內容，是小華的最愛。

邏輯數學	自然	人際	內省
36	37	33	29

肢體動覺	音樂	空間	語文
55	42	47	41

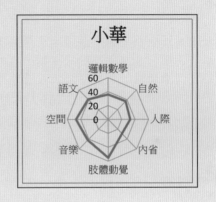

圖6.2　小華多元智慧光譜圖

五歲四個月的小萱

口齒伶俐的小萱，喜歡拼圖、畫圖，也喜歡跟小朋友玩尋寶或躲貓貓遊戲。特別的是，小萱總是能獨立且精準地在中心內找到老師、社工或是聽力師。

邏輯數學	自然	人際	內省
42	24	41	41

肢體動覺	音樂	空間	語文
28	20	47	46

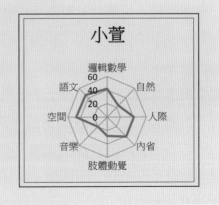

圖6.3　小萱多元智慧光譜圖

以下是小碩四歲及五歲六個月時所做的檢核結果：

	邏輯數學	自然	人際	內省
四歲時	35	30	34	36
五歲六個月	56	53	53	54

	肢體動覺	音樂	空間	語文
四歲時	48	43	42	40
五歲六個月	57	60	53	60

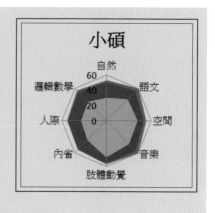

四歲時肢體動覺優勢的小碩，歷經中心團體班多元豐富且不受限的學習後，八大智慧表現整體平均提升，更在語文及音樂智慧上呈現優勢。此時的小碩，是台上大方展現自己、允文允武的小紳士喔。

圖6.4　　小碩多元智慧光譜圖

學習應是能力的增進，不是創傷的開始

　　在多元智慧的流動中，自然會發展出思考的多元性，當多元思考成為一種本能時，便是孩子對自我生命的適應。孩子的多元智慧能被看見，最先需要改變的便是父母「好與不好」、「對與不對」的觀念。當孩子確診為聽覺損傷的同時，便開始介入相關療育；在漫長的療育路程中，孩子及家長最先面對的，就是孩子最弱勢及最易受挫折的部分。當我們要孩子反覆「再聽一次」時，我們便是不費吹灰之力地讓孩子一再感受到自己的「不行」；當我們要孩子反覆「再說一次」時，也就是一次次地讓孩子感受到自己「說不好」的事實，這將對孩子發展健康的自我形象和學習動機造成長遠的影響。

因此，面對聽損孩子，在期望孩子聽與說的同時，更應該把孩子單純的心置於前，讓孩子生命的初始能有我們最溫暖的同理，也由於這份同理而帶給孩子更多的學習笑容。如大前研一所說：「看出孩子的天賦，是父母的責任。」如是而為，孩子與生帶來的天賦，將有機會閃閃發光（張富玲、駱香雅譯，2013）。

🌱 結語

「早期介入」強調「個別化」，而主流的評估著重在「發展」和「學習成就」；評估結果給出了「個別化」的「發展」和「學習」的目標，成人接著憑藉自己的經驗、觀念、專業努力達成。其實「個別化」最重要的應是學習歷程的「個別化」，但目前的評估工具尚且不足，早療人員、專業人員及父母家長，只能不斷充實、更新知識，提升自我的能力。氣質與多元智慧都是嬰幼兒一出生時就具有的能力，它無法完全仰賴現有的評估工具，必須在日常生活及親子互動中觀察和感受。另外，天賦需要愛、信任與肯定，才能催化所有的學習，進而全然展現。

在陪伴孩子的過程中，給孩子豐富的環境，讓孩子自由且自然地展現自己，讓孩子成為自己期待、自己喜歡的樣子，便是天賦帶給孩子最珍貴的祝福。

參考文獻

王珮玲（2003）。**兒童氣質──基本特性與社會構成**。台北：心理出版社。

王珮玲（2014）。嬰幼兒氣質回顧與前瞻：1980-2011。**應用心理研究，61**，
　　55-112。

江秀英、李宜賢（2011）。嬰幼兒情緒調節相關氣質對照顧者反應的影響。**幼兒
　　教保研究期刊，7**，15-30。

李宜賢、周亮宇、江欣儀、劉彥君、陳秋芳（2008）。父母教養適配性對幼兒氣
　　質修正與自我概念的影響。**幼兒教育年刊，19**，151-170。

洪蘭（2012）。**教育創造未來**。台北：天下遠見。

洪蘭（譯）（2009）。**大腦當家**（原作者：J. Medina）。台北：遠流出版公司
　　（原著出版年：2008 年）。

張玲芬（2009）。**0～3 歲嬰幼兒啟蒙教育**。台北：華都文化。

張富玲、駱香雅（譯）（2013）。**教出孩子的生存力：大前研一給父母的 24 個
　　教養忠告**（原作者：大前研一）。台北：天下文化。

張黛眉（2012）。**這樣因材施教，就對了！認識 9 大氣質，揭開孩子的天賦密
　　碼**。台北：親子天下。

梁雲霞（譯）（2001）。**光譜計畫──幼兒教育評量手冊**（原作者：M.
　　Krechevsky）。台北：心理出版社（原著出版年：1998 年）。

莊安祺（譯）（2007）。**心智解構：發現你的天才**（原作者：H. Gardner）。台
　　北：時報文化。

葛樹人（1991）。**心理測驗學**。台北：桂冠圖書公司。

黃琇青（2007）。知行合一？父母教養信念與教養策略之關係。**家庭教育雙月
　　刊，10**，33-46。

黃美眉（2002）。**掌握寶寶氣質，因材施教**。台北：信誼基金會。

雷庚玲、黃世錚、野餘合（2002）。**情緒、氣質與親子關係**。台北：信誼基金會。

廖華芳（譯）（2011）。**早期介入：嬰幼兒及其家庭**（原作者：P. M. Blasco）。台北：華騰文化（原著出版年：2000 年）。

黎樂山（2007）。**幼兒情緒調節策略、照顧者反應與幼兒氣質之關係**。國立台灣師範大學人類發展與家庭學系碩士論文，台北市。

衛生福利部（2014）。**台灣新生兒聽力篩檢與確診指引手冊**。國民健康署。

親子天下（2015）。**平均的迷思——陶德・羅斯**。取自 https://www.youtube.com/watch? v=QErmIwpRYPc

蕭德蘭（譯）（2004）。**心智地圖**（原作者：M. Levine）。台北：天下文化（原著出版年：2003 年）。

Buss, A. H., & Plomin, R. (1984). *Temperament: Early developing personality trait*. Hillsdale, NJ: Erlbaum.

Conture, E. G., Kelly, E. M., & Walden, T. A. (2013). Temperament, speech and language: An overview. *Journal of Communication Disorder*, *46*(2), 125-142.

附錄6.1　聽損嬰幼兒教育課程檢核手冊

聽損嬰幼兒教育課程檢核手冊

姓名：　　　　出生日期：　　　　評估日期：

月齡 / 副領域	聽覺行為（察覺）	評量結果	溝通行為（語言溝通）	評量結果	身體動作（粗動作）	評量結果	社會情緒（自我概念／社會關係）	評量結果	認知探索（感覺）	評量結果
0～6個月	• 能對出現或巨大反射性的聲音，產生生理反應，如：哭、眨眼、呼吸改變、臉部表情變化、或吸吮動作改變等反應。 • 在沒睡著時能被大的說話聲或噪音干擾而扭動身體。 • 能對聲音產生眼、眼珠轉動，並安靜聆聽的反應。 • 能轉動眼睛且在近尋找發出聲音的玩具。 • 對近距離眼前範圍發出聲音的物體。 • 聽到聲音，能發出咕咕聲的反應。 • 能對發聲聲的玩具有興趣。 • 對中所聲大的聲音會突然或哭叫，驚嚇或停止動作、安靜或其他的行為。		• 能發出做生理需要有關的聲音，如：哭、咳等。 • 能隨著情境，如：不高興時的臉孔，洗澡時，而改變不同的發聲行為。 • 能隨著不同的感覺，如：尿布濕了、累了、痛了、開心，用不同哭聲。 • 能發出與生理需要無關的聲音，如：咕咕聲或類似延長的韻母音。 • 能有越來越頻繁的牙牙發聲行為，如：對著玩具或自己一個人玩時。 • 能製造出二個或更多不同的聲音。		• 仰臥時頭部能保持中線或左右轉動。 • 仰臥時能曲頸抬頭。 • 俯臥時能轉動頭頸。 • 俯臥時能抬頭至45度角。 • 俯臥時能抬頭至90度角。 • 俯臥時能用手肘支撐著，抬高胸部及胸膛。 • 俯臥時能將兩隻手臂伸直支撐著，並抬頭與胸膛。 • 被抱立時能挺直頭頸。 • 能抬腿碰觸物。 • 從仰臥拉起時頭不會向後仰。 • 能利用雙手支撐，身體前傾坐穩。 • 在被扶著腋下時，雙腳能承重。		• 會玩自己的手腳。 • 看到鏡中自己會有反應，注視、微笑、打鏡子。 • 注視出社會性的面孔。 • 能注視成人的人。 • 能用簡單的方式去吸引成人的注意，如：聲音或身體語言，微笑。 • 對聲音或他人的反應，如：微笑、發出聲音。 • 與人互動時有正向反應（如：短暫接觸目光、發出笑聲、微笑）。		• 能看到30公分以內近距離前的物體。 • 對光線的強弱有反應。 • 注視眼前的東西，如：光、源、人、物。 • 能頭部不動，轉動眼睛追視左右／上下繞圈移動的物件。 • 能手眼協調，看著自己的手或手中所抓的物品。 • 能看到3～5公尺遠處的人、物。 • 能尋找掉落的東西。 • 對被碰有反應。 • 對不同觸覺刺激，如：冷、熱、痛、粗、平滑、軟，生不同反應。 • 能分辨甜味。 • 能分辨苦或酸的味道。 • 能對鹹味反應產生轉變。 • 能分辨一些氣味。 • 會朝向母乳味道越近。	

126

（續）

月齡	聽覺行為 副領域	聽覺行為 行為表現	評量結果	溝通行為 副領域	溝通行為 行為表現	評量結果	身體動作 副領域	身體動作 行為表現	評量結果	社會情緒 副領域	社會情緒 行為表現	評量結果	認知探索 副領域	認知探索 行為表現	評量結果
0～6個月	分辨	・能頭部平側轉向側面的聲源，並安靜聆聽聲源跟隨聲源。 ・能對不同音調的聲音產生不同的反應。 ・當聽到環境中的聲音有改變時，如：電視或音樂變換頻道，能主動尋找或有不同的反應。 ・能分辨家人與陌生人的聲音。		非語言溝通	・能對父母微笑，達互動需求。 ・能用微笑或尖叫來表達情緒。 ・能用眼神注視著他想拿的東西。 ・能用臉部表情，如：皺眉、微笑、害怕，以表示需求或感受。		精細動作	・有抓握的反射動作（能抓握放在手心的物品）。 ・能注視自己的手。 ・能有目的打開手掌。 ・能將手或手中的東西放入口中。 ・能伸手碰觸眼前的玩具或玩具刺激物物。 ・能以拍打／撥弄／搖動／搆動的方式探索物品。 ・能用手指和手掌抓握東西。 ・能伸手拉或把物品。 ・能玩弄繫在玩具上的細繩或線。 ・能將兩手移動到身體中線，並雙手碰觸。		情緒表達	・會使用吸吮掉指或吃奶嘴的方式安撫自己。 ・能表現愉悅的情緒。		概念發展	・能轉向氣味的來源。 ・能注視顏色鮮明的物件或圖畫。 ・能看出紅、藍、綠、黃等四大類別的色彩。	
	辨識	・能聽到媽媽聲音或熟悉人的聲音後，變得安靜。 ・能對環境中的特定聲音產生不同的反應，如：父母叫聲、沖澡水聲、電鈴聲、吸塵器聲。											問題解決	・重複的行動以獲取後果，如：用哭以獲取大人的注意。	

月齡	聽覺行為 副領域	聽覺行為 行為表現	評量結果	溝通行為 副領域	溝通行為 行為表現	評量結果	身體動作 副領域	身體動作 行為表現	評量結果	社會情緒 副領域	社會情緒 行為表現	評量結果	認知探索 副領域	認知探索 行為表現	評量結果
7～12個月 (續)	察覺	・能對細微的聲音，如：手錶聲、碼表產生聽辨行為。 ・能轉身嘗試找出視覺範圍以外的聲音。 ・能對較遠距離的聲音，如：室外的動物叫聲、車聲、下雨聲，表示注意或關心。 ・能直接轉向水平、間接轉向下方的聲源。 ・能直接轉向水平、耳下、間接轉向耳上方的聲源。 ・對於小聲呼喚名字或呼喚後看他能轉頭尋找。		語言溝通	・能發出聲母＋韻母的單音節，例如：ㄇㄚㄇㄚ、ㄇㄚ、ㄅㄚㄅㄚ。 ・能模仿簡單聲音，如：ㄚ、ㄧ、ㄨ。 ・能發出聲母＋韻母的雙音節，如：阿姆姆姆。 ・能連續發出一連串的音節。 ・能有包含聲音及語調變化的聲音。 ・能有明確的語調型態及聲調變化。 ・能發出「ㄇㄚ」或「ㄇㄇ、ㄇㄇ」表示要喝奶或吃東西。 ・能認出第一個有意義的語彙，如：爸爸、媽媽、辦辦。		粗動作	・仰臥或俯臥姿勢時，在平面上團團轉。 ・能從仰臥轉成側臥。 ・能從俯臥翻身變成仰臥。 ・能從仰臥翻身變成俯臥。 ・能連續翻身幾次。 ・能從側臥轉變成坐。 ・能直挺腰背獨自坐穩，雙手不用支撐地面。 ・能坐著進行活動，並向前後左右重心轉移而不會用倒下。 ・能匍匐爬行（在俯臥姿勢下，協調的手腳輪流向前移動）。 ・能由坐至四點跪的姿勢，轉至坐的身體姿勢。		自我概念 社會關係	・利用自己的身體去探索環境。 ・能聽到自己的名字會有反應，如：注視、微笑、轉頭等。 ・用簡單的動作或聲音去表示自己的需要。 ・伸手去觸碰照顧者的臉或身體。 ・會主動對熟悉者微笑、靠近人抱。 ・喜歡要人抱、童複這些動作。 ・與主要照顧者分離時會有焦慮現象，如：哭泣、尋找。 ・面對陌生者有退避反應，轉向低頭、哭泣、熱戀者、被抱、拒絕。 ・以動作或聲音表達交往的意願。 ・能區辨照顧者的語氣及情緒。		感官知覺	・視野擴增至側面、上下。 ・能追視移動得較快、距離較遠或移動作較複雜的物件。 ・能有視覺記憶的表現。 ・會隨著大人的視線或手勢、或注意某人或某物。 ・具有視覺辨認能力。 ・能用口部觸覺來探索物料。 ・喜歡用手觸摸軟滑的物料。 ・在餵食時，會出現張口期待的反應。 ・能表達意識到尿布已濕。	

128

（續）

月齡	聽覺行為			溝通行為		身體動作			社會情緒			認知探索		
	副領域	行為表現	評量結果	行為表現	評量結果	副領域	行為表現	評量結果	副領域	行為表現	評量結果	副領域	行為表現	評量結果
7～12個月	分辨 辨識	・能對友善或生氣的聲音有不同的反應。 ・能對歌唱的音樂產生反應。 ・能對新出現的聲音或臉部表情的改變、喜歡聽抑揚頓挫起伏性大的聲音。 ・能配合音樂節拍擺動自己的身體。 ・當被叫喚時能有所回應。 ・能辨識童謠或兒歌。				粗動作	・能手腳交替貼地以雙膝跪式爬行。 ・能爬上階梯或爬過低矮的樓梯物。 ・協助以站姿時，能扶持物品，如：家具或牆壁、站立但不會坐下。 ・在不扶物品、能獨立站立。 ・在站立時，能扶物或桌緣側行。 ・雙手在扶持下，能向前邁步走。		自我概念 社會關係	・在引導下，會與大人玩簡單且重複互動的遊戲，如：釘子釘釘、炒蘿蔔炒蘿蔔、躲貓貓。 ・跟隨成人的示範或模仿成人簡單的動作，如：拍手、揮手。		概念發展	・能拉開蓋在自己或他人臉上的布。 ・能找出部分被遮蓋的物品。 ・能尋找全部遮蓋住的物品。 ・能尋找掉在身後或地上的東西。 ・能對顏色鮮明的物件做出反應。 ・能對圖形和滾動的物件產生興趣。 ・能對圖形洞察產生好奇。 ・能設法接近想要的事物。 ・喜歡重複地將物品丟到地上，觀察它跑到哪裡。	

（續）

月齡	聽覺行為 副領域	聽覺行為 行為表現	評量結果	溝通行為 副領域	溝通行為 行為表現	評量結果	身體動作 副領域	身體動作 行為表現	評量結果	社會情緒 副領域	社會情緒 行為表現	評量結果	認知探索 副領域	認知探索 行為表現	評量結果
7~12個月	理解	• 能開始對自己的名字會有回應。 • 能聽懂某些聲音代表某種揮動物。 • 能對聽到的「不要」、「不行」時，會停止他正在做的事情，或看看大人的表情，或看看自己正拿著的東西。 • 能遵守簡單的口頭指示（當大人說「看看」或「你看，有...」時，能看著大人，或看著大人所指要看的東西）。 • 能理解一～二個常見物品的名稱，如：奶瓶、ㄋㄟㄋㄟ。 • 能理解一～四個家庭成員的稱謂或名字，如：爸爸、媽媽、阿公、阿嬤。 • 能理解一個以上的簡單社交語，如：謝謝、掰掰。 • 能懂一個以上的單一指令，如：給我、拍手、坐下、來、來、站起來。		非語言溝通	• 能看到熟悉的人搖手表示「嗨！」。 • 能用拍手、雙腳直踢或做其他的動作來表示情緒。 • 能對不要的物件，用肢體或動作表示拒絕，如：大人餵他吃東西，會將頭撇開，或是用頭擺開或身體向下將食物推開。 • 能在情境下搖手表示再見。		精細動作	• 能自主性地放開手裡握著的物品。 • 能伸直手肘抓取各方位的物品。 • 能將下臂伸直並反轉，使手心朝上，如手勢：給我。 • 能用食指指物。 • 能用手掌或手指按壓開關或玩玩具。 • 能拉動／推開／推倒的物品或玩具。 • 能把東西從一手換到另一手。 • 能同時伸出雙手並各抓取物品。 • 能做兩手互相拍的動作。 • 能將兩手抓握的物品互相敲擊。 • 能用雙手拿大件物品。 • 能握物敲桌。		情緒表達	• 能簡單表達自己的需求與情緒。		問題解決	• 能重複玩有回饋動作的玩具。 • 能利用視線接觸、身體動作、發出聲音等要求繼續或重複有趣的東西或活動。 • 能預期事件的發生，如：奶瓶出現知道要喝奶了。	
													創意表現	• 玩不同的玩具以製造不同的效果。	

附錄6.2 多元智慧檢核表

多元智慧檢核表

智慧領域			語文智慧	邏輯數學智慧	空間智慧	音樂智慧	肢體動覺智慧	內省智慧	人際智慧	自然智慧
圖示										
年月	評者	總分								
		排名								
年月	評者	總分								
		排名								
年月	評者	總分								
		排名								
年月	評者	總分								
		排名								

資料來源：整理自財團法人中華民國婦聯聽障文教基金會

智慧領域	定義	行為表現
語文智慧	能有效運用口頭語言或書寫文字，思考問題、解決問題、敏覺文詞、傳達訊息，以達到特定目標的能力。 主要表現在結合語言的結構、發音、意義、修辭和實際使用，並運用自如。	1. 喜歡看書和聽故事。 2. 喜歡唸謠或朗讀。 3. 能用語言表達想法和情緒。 4. 擅長記憶性的知識或背誦。 5. 喜歡文字遊戲（繞口令、猜謎語）。
邏輯數學智慧	能有效運用數字、歸納、演繹、推理思考、操縱抽象關係的能力。 主要表現在計算、分類、分等、概括、推論和假設檢定的能力，以及對邏輯方式和關係、陳述和主張、功能及其他相關抽象概念的敏感性。	1. 喜歡問問題並追根究柢。 2. 遇到問題會思考解決方法。 3. 喜歡將事物配對、分類、比較。 4. 喜歡益智類玩具（拼圖、棋類）。 5. 喜歡有挑戰性或複雜性的問題。
空間智慧	能以三度空間思考，準確的感覺視覺空間並創造內在空間世界表徵的能力。 主要表現在對色彩、線條、形狀、形式、空間和它們之間關係的敏感性，以及能重視、轉變或修飾心像，隨意操控物件的位置，產生或解讀圖形訊息。	1. 喜歡畫畫或從事美勞工作。 2. 習慣使用圖畫或影像來思考。 3. 對環境中物體、形狀、顏色有覺察力。 4. 喜歡玩拼圖、讀地圖、做模型。 5. 喜歡黏土、積木、走迷宮等。
音樂智慧	音樂智慧係指對節奏、音調、音色、音質、旋律的敏感，以及創作或欣賞的能力。 主要表現在聆聽聲音和對樂曲及樂器的操作和辨識能力。	1. 喜歡唱歌和聽音樂。 2. 能跟著音樂節奏打節拍或敲打樂器。 3. 擅長模仿聲音。 4. 容易記住曲調並哼唱出來。 5. 對周遭聲音很敏感。
肢體動覺智慧	能運用肢體動作表達想法和感覺、生產或改造事物、表達思想、解決問題，以及運用雙手靈巧製作事物的能力。	1. 喜歡自己動手做或動態活動。 2. 喜歡透過身體去感覺外在事物。

（續）

智慧領域	定義	行為表現
	主要表現在特殊的身體技巧，如：彈性、速度、平衡、協調、敏捷。	3. 善於模仿他人的動作或表情。 4. 身體動作的協調性佳。 5. 喜歡肢體遊戲、跳舞、表演等。
內省智慧	能深入的自我探索，瞭解自己的心境，有效處理自己的情事，有自知、自尊、自主、自省、自律的能力。	1. 喜歡獨自工作或遊戲。 2. 自我覺察能力強，知道自己的優缺點。 3. 有高度自尊心、自信或意志。
	主要表現在瞭解自己的情緒、優勢、缺點、動機、興趣和願望，進而達成自我實現。	4. 能勇於反省及認錯。 5. 能適切表達自己的想法和感受。
人際智慧	能察覺並瞭解他人的情緒、感覺、動機、意圖，瞭解他人、體諒他人，以及運用人際互動所得回饋的訊息作思考的能力。	1. 喜歡和別人相處。 2. 會察言觀色、懂得關心或幫助別人。 3. 喜歡團體活動且會分工合作。
	主要表現在對表情、聲音和動作的敏感性，與人有效交往和工作，辨別不同人際關係的暗示，對暗示做出適當回應。	4. 喜歡角色扮演遊戲。 5. 對他人想法或感受很敏感。
自然智慧	瞭解自然環境，分辨觀察生物的能力，對自然景物敏銳的注意力，對自然界各種型態的辨認力，以及與自然和諧相處的能力。	1. 喜歡觀察環境、對環境變化很敏感。 2. 對自然生態、動植物具有好奇心。 3. 有高度觀察能力。
	主要表現在瞭解大自然及動植物關係，探索環境及適應環境。	4. 喜歡飼養、蒐集大自然的束西、園藝等。 5. 喜歡戶外活動。

智慧向度	規準	觀察項目	評量日期／結果			
語文智慧	聽	1 喜歡聽故事。				
		2 能理解語調變化（如：抑揚頓挫、聲音大小）所傳達的訊息。				
		3 喜歡聽口述語言（故事、廣播、故事錄音帶）。				
	語文表達	4 喜歡發問、發表。				
		5 表達時語彙豐富。				
		6 喜歡自編故事。				
		7 能語意流暢地敘述或重述故事。				
		8 能使用語言提出自己的意見、看法。				
		9 能主動分享（如：假日生活⋯⋯）。				
		10 喜歡進行文字遊戲（如：猜謎語、造詞句、繞口令⋯⋯）。				
		11 能適當使用連接詞連結句子。				
		12 能完整說出符合文法句型結構之語句。				
		13 能使用恰當的語言來表達自己的觀念和感受。				
		14 能將不相關圖片想像、串連成故事。				
		15 能將自己聽過或看過的經驗串連發展成故事。				
	態度	16 小朋友能專心聆聽他人說話不插嘴。				
		17 喜歡和別人交談。				
	記憶背誦	18 能自行背誦兒歌或詩詞。				
		19 善於記人名、地點、時間、日期或瑣事、生活情節。				
	閱讀	20 翻著書頁看圖說故事。				
		總分				

（續）

智慧向度	規準		觀察項目	評量日期／結果			
邏輯數學	辨識	1	能按先後順序排列（有數數能力）。				
		2	能進行數數，辨別數字（小班 1～15；中班 1～30；大班 1～100）。				
		3	能說出物體的異同處。				
		4	能識別不同物件的色彩、形狀、大小。				
		5	認識日期和時間。				
		6	能從物體外觀辨認出簡單幾何圖形。				
		7	能描繪或仿畫簡單平面圖形。				
		8	能將物體正確分類、配對。				
		9	能依事件的邏輯規則進行排列。				
		10	能正確排列事件發生的先後順序。				
		11	能做數數與唱數的對應。				
		12	對處理問題有很多想法。				
		13	會主動提出問題。				
		14	能使用測量工具測量物體。				
		15	能運用不同的策略解決問題。				
	解決問題	16	常問思考性的問題。				
		17	對任何事物都有探究的好奇心。				
		18	喜歡從事有關數學的遊戲（如：下棋——跳棋、象棋或玩牌）。				
		19	喜歡推理與想像的故事的問題。				
		20	對事情因果關係更有概念。				
			總分				

（續）

智慧向度	規準	觀察項目	評量日期／結果			
空間智慧	知覺能力	1　能在一個空間裡穿梭自如、不會與他人相碰撞。				
		2　對色彩敏感，很注意平時周遭的顏色，包括會談論自己衣服的顏色。				
		3　喜歡看電視、海報……等視覺性的表演。				
		4　對色彩、空間的敏感度高。				
		5　能從圖畫、圖片中發現很多訊息。				
		6　小朋友能辨識物體顏色、線條、形狀、圖案的異同。				
		7　具有豐富的想像能力。				
		8　能依照指令移動方位。				
		9　閱讀時喜歡圖畫很多的書。				
	建構能力	10　喜歡進行積木、雪花片等拼搭組合活動。				
		11　喜歡從事迷宮、拼圖等益智類活動。				
		12　喜歡拆組物件。				
		13　能組裝立體模型。				
		14　喜歡有關立體工藝的設計與創作活動。				
		15　會用不同的素材進行創作或裝飾物品。				
	創意設計	16　喜歡畫畫（著色、素描）。				
		17　能畫出各種型態的圖像（如：房屋、交通工具）。				
		18　能運用線條、顏色、圖像表達情感。				
		19　能進行捏塑創作。				
		20　玩扮家家酒遊戲時，小朋友會幻想分配空間場地的屬性。				
		總分				

（續）

智慧向度	規準		觀察項目	評量日期／結果			
音樂智慧	欣賞（鑑賞力）	1	喜歡聽音樂（能安靜或表現愉快的態度）。				
		2	對於周遭的聲音（噪音）很敏感。				
		3	能辨別節奏快慢。				
		4	能辨別不同樂器的音色。				
		5	能辨識曾經聽過的樂曲。				
	韻律（節奏）	6	能隨音樂用手拍打節奏。				
		7	喜歡進行音樂遊戲（如：頑固伴奏、說白節奏、天然樂器）。				
		8	會運用身體部位發出聲音（如：拍打、彈指……）。				
		9	配合歌曲能敲打樂器或舞動身體。				
		10	任何時候（工作或走路時），會用手或腳打拍子。				
		11	小朋友能準確表現樂曲的音調、節奏及節拍。				
		12	能唱出歌曲的節奏與旋律。				
		13	對旋律自然地產生反應（如：搖擺身體）。				
		14	在說話的速度、音量方面掌握佳，很有節奏感。				
		15	喜歡哼哼唱唱。				
	表達（聲音表現、彈奏、創作）	16	會彈奏（敲奏）一種樂器。				
		17	能隨著音樂做唱遊動作。				
		18	能依節奏快慢做不同的詮釋及聯想。				
		19	能唱出自編兒歌歌詞。				
		20	能以不同的旋律與節奏表達自己的情緒或感受。				
			總分				

（續）

智慧向度	規準	觀察項目	評量日期／結果			
肢體動覺智慧	身體控制	1 精力充沛，難長時間久坐於位。 2 喜歡自己動手操作來進行學習。 3 具體的接觸任何事物（如：角色扮演……）。 4 善於模仿他人的動作、表情。 5 身體的柔軟度佳（如：能前彎後彎、左彎右彎……）。 6 跟別人說話時，常加上肢體動作來表達意見。 7 平衡感佳（如：單腳站立 5～10 秒、走平衡木……）。 8 能做出大肌肉的協調動作（如：溜冰、跳舞）。 9 能夠做穿線、剪貼、夾取等手部動作。				
	肢體創作	10 能隨興的以肢體動作進行創作。 11 能用肢體動作模仿不同物體。 12 能以肢體動作做角色扮演。 13 能使用各種肢體語言表達自己的想法。 14 能隨音樂旋律或節奏的變化做出適當的肢體動作。 15 能跟隨音樂自創舞蹈。 16 善於模仿他人動作或言談舉止。 17 能主動參加肢體動作的各種表演。 18 能運用肢體動作和手勢傳達訊息。 19 喜歡動態的活動（如：戲劇及體能活動）。 20 喜歡藉由臉部表情及身體動作表達情感。				
		總分				

（續）

智慧向度	規準		觀察項目	評量日期／結果			
內省智慧	自我約束	1	做錯了能勇於認錯。				
		2	能獨自完成工作（如：美勞創作、收拾……）。				
		3	較常獨處需要安靜的時間。				
		4	能用正向的方式表達自己的感受（如：使用口頭語言不哭鬧）。				
		5	有責任感（能達成被託付的工作）。				
		6	喜歡獨立工作而不是合作，自己一個人也可以玩耍或學習。				
		7	生活作息時間規律（固定時間做固定事情）。				
		8	能專心的進行工作（如：閱讀、繪畫等）不受周遭環境影響。				
		9	有高自尊，並會自我激勵。				
		10	能收拾整理自己的用具。				
		11	能完成團體分配的工作。				
		12	有自己特殊喜愛與興趣。				
		13	能說出自己的優缺點。				
		14	能接受別人對自己的批評，不惡言相向。				
	認識自己（接受批評）	15	能說出自己和其他幼兒不同的地方。				
		16	能正確表達自己的感受。				
		17	遇到挫折或失敗，能很快恢復平靜。				
		18	能面對並嘗試解決衝突事件中的問題。				
		19	能清楚知道自己的目標並勇於嘗試。				
		20	能調適自我情緒，如：能控制自己的情緒狀態、感受和心情。				
			總分				

（續）

智慧向度	規準	觀察項目	評量日期／結果			
人際智慧	分享協助	1 有同情心、能主動服務他人、幫助他人，會主動關心別人。				
		2 能大方的與他人分享（如：心愛玩具的互相交流……）。				
		3 當別人說話時能安靜傾聽，接納他人的意見。				
		4 能主動與人互動、交談，很容易認識新朋友。				
		5 有領導才能，能分配、分擔工作，擁有天生領袖氣息。				
		6 喜歡玩團體遊戲，在團體中能守秩序、會等待及輪流。				
		7 喜歡教導其他孩子進行某件工作（如：摺紙、下棋……）。				
		8 能與他人分工合作共同完成一件事情（如：小組美勞創作）。				
	社交能力（情感、溝通、互動、領導）	9 能自然融入其他同儕小組中，受到其他孩子的歡迎。				
		10 與同伴發生衝突時，能原諒他人的過失，常扮演調解的角色。				
		11 喜歡從事團體活動或小組活動（如：角色扮演、戲劇演出、團體遊戲）。				
		12 在活動中，能表現出等待、輪流、與人分享等正向行為。				
		13 能觀察他人的聲音、說話及面部表情，並做出適當的回應。				
		14 能敏銳觀察他人的需求並主動協助。				
		15 能接納並讚美他人。				
		16 能說出好朋友喜歡或討厭的事情。				
		17 能在其他幼兒難過時給予安慰。				
		18 能與其他幼兒合作完成工作。				
		19 能認同其他幼兒的想法意見和能力。				
		20 能主動與其他幼兒溝通，維持與其他幼兒間的和諧。				
		總分				

智慧向度	規準	觀察項目	評量日期／結果			
自然智慧	科學知識	1　喜歡觀察活動（如：觀察蜘蛛網、毛毛蟲、樹木、葉子……）。				
		2　能比其他人較早發覺周遭環境的變化。				
		3　喜歡觀望天空的變化並注意天氣的型態（如：晴天、陰天、雨天……）。				
		4　能將各種動物和植物加以分類。				
		5　對於昆蟲、動物、植物等相關話題有極高的探討興趣。				
		6　很快就能記住有關自然環境中景物的名稱。				
		7　具有敏銳的觀察能力。				
		8　能由系列的觀測結果，比較、對照、辨識其中的異同。				
		9　能經常覺察動植物相關的現象。				
		10　認識並知道花、樹和植物的名字。				
		11　喜歡蒐集自然的景物（如：標本、貝殼……）並加以分類。				
		12　對自然界的味道、聲音很敏銳（如：一聽到聲音會立刻尋找來源……）。				
		13　喜歡戶外活動（如：漫步於學校步道、欣賞園藝……）。				
	探索實驗	14　喜歡種植或飼養。				
		15　喜歡親近大自然（如：能自然地躺或坐在草地上，不怕髒……）。				
		16　對動、植物具有好奇心，並能透過接觸來瞭解動、植物。				
		17　能觀察並說出動、植物的生長變化。				
		18　喜歡帶小蟲子、花卉、樹葉或其他自然物到學校，與同學或老師分享。				
		19　喜歡花園、喜歡在室內種植物。				
		20　喜歡照顧教室中的植物，並定期澆水。				
		總分				

註：評分標準：0 表示該行為未發展或表現（未發展）　1 出現或頻率很少（弱勢／低興趣）
　　　　　　　2 偶爾出現或表現（符合該年齡）　3 常常出現或表現（優勢／高興趣）

這麼做就對了

管美玲、簡子欣、廖秀紋

　　孩子，一個美妙、甜蜜又伴隨痛苦的存在，從得知有新生命要加入生活時，喜悅與擔心似乎是怎麼甩也甩不掉的隨身行囊。但當父母將孩子輕輕抱在懷中時，都能深切感受那就算刻意隱藏的愛，還是自然露出滿溢的光芒。

　　曾經，與許多聽損孩子的家長聊到知悉孩子有聽力損失時，當下心情確實是從天堂掉至谷底，那原本美好的感受，瞬間像被刀子劃破了一般，需要花多久時間修復、療傷及振作，也許三個月，也許是無法想像的時間長度……

　　雖然，無法一起感受那般痛苦，但我們一直站在這裡支持著、關心著，等待心情收復的那一刻，和你們一起成為聽損嬰幼兒學習、溝通的夥伴，讓令人安心自在展開笑顏的時光可盡早到來。

　　我們需要從這裡開始：這麼做就對了！

🌱 有自信就對了

　　先問家長幾個問題：

○ 你覺得聽力損失的孩子無法好好學習嗎？

○ 你覺得聽力損失的孩子能力會受限嗎？

○ 你覺得聽力損失的孩子無法好好溝通嗎？

　　若在閱讀完前幾個章節，能幫助你自信地對以上三個問題大大地打上「×」，那麼你的心裡應該有 50%的動力，準備和我們一起往前邁進了。這時候的你應該是：

○ 我相信聽力損失不會阻礙孩子的學習。

○ 我相信聽力損失不會阻礙孩子展現自己的能力。

○ 我相信聽力損失不會阻礙孩子與我的良好溝通。

　　有如此堅定的信心，聽力損失在你心裡將不再是個缺陷，這是成功之母。

○ 你相信自己才是孩子學習路上最好的夥伴嗎？

○ 你相信教養和教育孩子不僅可以充滿樂趣，也可成為大人本身成長的契機嗎？

○ 你相信成為孩子學習和溝通的夥伴不會讓你失去原本生活的秩序，而且更能感受到愛嗎？

　　對於以上三個問題，不需要急著回答，在實際執行本章內容後，再次詢問自己。

　　本書第一章告訴我們學習是孩子的天賦，所以要相信孩子會用自己的方式努力；第二章告訴我們科技能幫助聽損嬰幼兒聽到聲音，聽懂聲音靠大腦；第三章告訴我們，幼兒身心靈的發展起於親子溝通，聽損不會讓孩子沒有溝通的管道，關鍵還是在於你；第四章有助你成為一個稱職的溝通夥伴；第五章帶領你成為孩子專屬的聽力學管理者；第六章教會你發現孩

子的天賦。旅程至此，你已充滿能量且相信自己會成為孩子學習和溝通的夥伴了；相信孩子、相信自己就有信心，缺一不可。

🌱 作息規律就對了

孩子落地後的每一天都在成長，安全感是第一個要發展的內在能力（見第三章），使他們在往後的生活中能夠以輕鬆自在的方式探索和實現自我。物質體內的每一個器官都有其規律性，要在規律的作息中健康成長，規律能讓孩子將聲音和物件連結，也能幫助孩子預測即將要發生的事，這個可預測性便是安全感的源頭。嬰幼兒有與人溝通互動的天性，父母每次溫暖的回應就滿足了這個需求，在可預測的互動中，孩子對父母的信任感便油然而生。這份相信，讓孩子能充滿信心和安全感去嘗試每件新事物。

幼兒雖然有強大的學習機制（見第一章），但仍需要由愛和語言來啟動，孩子會與環境中的一切事物產生關聯並互動，而這些互動的經驗皆會影響他們身體及心靈的成長。家庭是孩子學習初探的練習場，父母是孩子模仿、學習的第一個對象，孩子會從父母回應的方式中認識自己，因此，要為孩子營造一個什麼樣的學習環境，才不辜負這強大的學習機制？來吧！帶著信心從家出發！

🌱 用心觀察就對了

許多聽損嬰幼兒的父母，常常擔心自己不懂特殊教育，會擔誤了孩子的發展，其實這是多慮了。嬰幼兒天生就愛與人溝通互動，他雖不會說話，但會用盡全身的力量來表達他的感覺，父母只要用心觀察，就能找出

對應之道。不用煩惱自己不會專業觀察，拿出信心跟著前兩章的指導，嬰幼兒的聽覺行為、發展現狀、天生氣質與能力便了然於心；同時要記住自己只是跟隨者，要信任孩子的帶領，由他主導自己的學習之路。嬰幼兒是用觀察和模仿學習，依著孩子的發展給予適當的回應，孩子就容易模仿；瞭解孩子的天生特質，就知道如何和孩子交心互動。觀察孩子回應的方式，是讓父母瞭解自己是否「甚得兒心」；如果什麼法子都用了，孩子仍覺得無趣，就拿出最原始的本事——模仿，就對了！模仿孩子的表情、動作、聲音，母子又能連心了。

在家玩感覺運動就對了

大自然已為每個孩子提供了一系列天然、可預測、有順序性的發展機制；最初始的動作是反射，在媽媽的子宮內就開始了，它能刺激大腦神經通路的生長，幫助幼兒發展自主動作和學習能力（謝維玲譯，2015）。反射行為是嬰兒對外在的感官刺激做出反應，最初的存在是為了保護嬰兒的生存，是發生在皮質下的活動，隨著神經系統成熟，整合到大腦皮質，發展成為更高階的能力，反射行為就會消失，大部分的嬰兒反射不會持續到一歲之後（Hölscher, 2014）。致力於神經科學研究的 Eliot 博士提到初生嬰兒的大腦約有 1,000 至 2,000 億個神經元，但神經元間的連結卻相當的少，大腦是在出生後才開始密集地發展樹突（神經元上接收訊號的通道）與擴展神經網絡，到了兩歲時便可建立約數十億個神經元間的連結（薛絢譯，2002）。這段期間大腦忙著上層腦（皮質）和下層腦（邊緣系統和腦幹）的連結（見第一章），這對往後運動協調、動作技能、情感和認知都有顯著的影響；除此之外，還忙著建設和整合皮質的各種學習網絡，為接下來一生的學習打好基礎。這些基礎建設的材料是生活裡各種感覺經驗。

兒童發展醫學專家王宏哲（2015）認為嬰幼兒有好的感覺發展（觸覺、前庭覺、運動覺、聽覺、視覺、嗅覺與味覺），才能有好的感覺動作發展（姿勢穩定、動作計畫……），接著產生知覺動作發展（手眼協調、視動整合……），最後影響嬰幼兒的認知發展（課業學習與日常生活處理），使認知與思考能觸類旁通。感覺統合是大腦認識世界的必要手段，聽損幼兒不論聽損程度如何，學習都不能背離大腦的運作機制。

　　嬰幼兒出生後，父母關注的焦點常落在身體協調和認知語言的發展上，一般認為身體結構和發展的順序由基因控制，是一個自然又自動的過程，只要注意營養和健兒門診測量的數字就可以了；認知語言的發展則明顯受環境和人為的影響，因此父母將大部分的心力都放在這上面。事實上，動作的協調、技能的成熟並非獨立運作，它是由心智來引導並和社會情緒的調適結合（張玲芬，2009）。分子生物學家 Medina 博士提到運動時會分泌對情緒、心智健康有關的神經傳導物質，嬰幼兒身體活動的同時，各感官知覺也隨之起舞，這些跨感官訊息的整合，使嬰幼兒越來越能融入世界的運作（洪蘭譯，2009）。

　　近年來，許多關注健康的研究或組織都強調體能活動對身心健康的重要。或許是工業社會發展所致，狹小擁擠的居住空間、為生活忙碌的父母、贏在起跑點的教養觀念、注重數字的評量方式等現實，嬰幼兒的健康被簡化為用幾個可測量的數字代表，因此運動少了、營養多了；當專家呼籲「讓寶寶動起來」，幼兒肢體開發的相關課程便場場爆滿。「肢體開發」這個「專業」活動，在人類演化至工業社會前，都是生活中嬰幼兒和父母的活動結合而自然的「開發」，活動裡充滿了親子肢體親密的接觸、關愛眼神的交流、自由探索的信任、分享歡樂的節奏、溫柔話語的連結等，是一個渾然天成的「愛的空間」。現在的我們雖不能複製那時的場景，但一定可以在家裡創造「愛的空間」。感覺運動時溫柔的撫摸，活化

了大腦的愉悅中心，讓嬰幼兒安全感破表，安全感是人際關係和情緒發展的基石（洪蘭，2015）；兒歌、童謠、節奏和感覺運動是嬰幼兒喜歡的超完美組合，可鎮靜或改變情緒，它的重複性也能讓「聽」（被動接收聲音的過程）變成「傾聽」（主動處理聲音及其他感官訊息的過程），促進語言的發展（謝維玲譯，2015）。父母要記得：運動中伴隨的溝通互動是自然的、雙向的、輪替的、等待的、尊重的。最後要提醒，即使是最愛孩子的父母，如不瞭解孩子發展上的需求，某種程度上已妨礙了他的健全發展。因此，請這麼做吧：跟著發展愛相隨！

接下來筆者將三歲以下的幼兒分為六個發展階段，提出在家如何進行親子感覺運動。親子活動雖以肢體協調和平衡、肌力發展為基礎，但所有感知覺都會參與其中（整理自謝維玲譯，2015）。

一、好奇寶寶抬頭仰望世界：0～6 個月

這個階段的嬰兒克制不了心中的好奇，想要快點認識眼前的新世界，除了一成不變的天花板之外，還有哪些稀奇古怪的事物？不能任由人擺布躺著或趴著，所以開始嘗試揮揮手、動動腳、扭扭身體，一不小心成功翻了身，才發現原來世界不再是單調無趣的牆面，轉轉頭、仰起臉都有著不同的新視野，這時候你可以這麼做：

- 緩慢溫和地進行四肢、翻身、蹬腳運動和短暫俯臥，幫助嬰兒發展肌肉張力和身體知覺（如圖 7.1 至圖 7.3）。
- 用手掌和指尖輕柔地按摩嬰兒，敏感的觸覺可以刺激末梢神經，讓全身放鬆和覺知身體各部位。
- 嬰兒以坐姿的方式，抱著他輕輕地左右、前後搖晃；翻滾、上下輕晃，都可以刺激前庭幫助平衡感、空間感、本體感等的發展。

圖7.1 緩慢溫和的翻身運動

圖7.2 蹬腳運動

圖7.3 俯臥運動

● 抱著嬰兒輕歌漫舞，這是前庭覺、運動覺、聽覺、視覺共同參與的美妙
　畫面，自然而生的愉悅情緒，是大腦最佳的養分。

● 讓嬰兒躺著、趴著看看吊飾，面對面地和父母親密對話，都有助於視覺
　近距離聚焦。

> 嬰兒出生前雖然聽覺系統就開始運作了，但出生後各感覺便各自開跑，其中
> 觸覺的敏感度是優於其他感覺。反射行為頻繁地發生約在四個月大前，在這
> 個時期可以用感覺運動讓無意識的反射動作漸漸能自主控制，也豐富了各感
> 覺的經驗，與他人情感的聯繫自然不在話下。

二、好動寶寶爬出好腦筋：6～12 個月

　　這個階段的嬰兒，單從眼前、手上把玩的物件去探索，已無法達到滿
足，漸漸發覺移動身體可以獲得想要的東西、可以到達想去的目的地，便
會使盡全身力氣以各種方式匍匐進退，直到靈活運用四肢爬行。這時期身
為家長的你可以這麼做：

● 創造家中的每個角落，有著不同材質的地面、可以翻箱倒櫃的祕密基
　地、可以跨越的障礙物、可以穿越的不同空間、可以探索不同的高度。
　嬰兒樂此不疲的穿梭在其中，是發展視覺聚焦、肌肉張力和協調性絕佳
　的活動。

● 讓嬰兒趴或坐在球或滾筒上面，緩緩地滾動，又或是趴在媽媽的小腿
　上，像是展翅的鳥兒或小飛機一般，搭配著輕柔的兒歌、唸謠等，可強
　化肌肉和培養平衡感，為未來坐、立、行等能力做準備。

● 讓嬰兒握住一根棒子、拉環或是你的手，輕緩地讓他從平躺引體向上，
　手臂及腿部的肌肉張力都能被強化（如圖 7.4）。

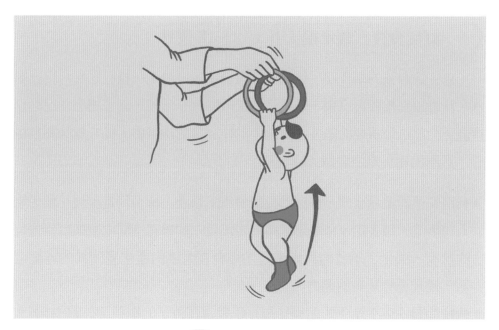

圖7.4　引體向上運動

- 抱著嬰兒隨著音樂左擺右晃，讓他坐放在膝上與你面對面，或是彎起你的手臂像是他專屬的小鞦韆，如此親密的共舞，愉悅的對望，再配合著有節奏的唸謠、語言，都是隨時可營造的美好親子時光。

- 在準備要邁開第一步時，不急著牽起他的手鼓勵往前行，提早走路將會成為日後學習障礙的危險因子之一。可以做些站立和扶行、蹲立，或是思考著如何爬出紙箱或籃子等活動。

> 嬰兒會爬、會站時，他的世界變大了，好奇心的驅使讓他對新鮮事物都有想瞭解的欲望。在開始獨立行走前，嬰兒的探索都要靠父母營造環境，激起嬰兒的好奇心，父母多變的聲調、豐富的表情、簡單的情境語言，引起嬰兒去參與、去看、去操作的動機，在嬰兒嘗試後，會用聲音、行為回應你他的發現和感受，這是溝通也是學習。

三、好玩寶寶大腳走遍天下：12～18 個月

自主性漸強的學步期，嬰幼兒靠自己站、自己走、自己吃飯、自己喝水，什麼事都想要自己來，所以這個階段的親子活動，除了讓嬰幼兒動作技能更純熟，最重要的是要在一連串動作計畫的經驗中，提升認知和自信心。這階段你可以這麼做：

- 利用家裡的情境空間，讓嬰幼兒從椅子下鑽過、練習行走斜坡，模仿家人跨著走、倒著走、橫著走或蹲著走，這一連串在空間中變換行走方位的練習，強化了下肢的肌肉張力，更會在大腦內產生序列式的神經連結，提升運動計畫的能力。
- 藉由面對面或手牽手的前後搖擺、手臂當作孩子的單槓（如圖 7.5）、伸直手臂拋球等活動增強上肢的肌肉張力。手的操作主導了未來許多學習基礎，手眼協調、精細動作等技能都奠基在上肢肌肉的張力上。

圖7.5　吊單槓運動

● 坐或躺在大球上、趴在滑板車上，或是做後仰練習等方式刺激前庭系統，有助於抑制殘留的原始反射，對於聽覺、語言和視覺發展也極為重要。

● 給嬰幼兒一組小樂器來一場親子音樂會，或是跟著嬰幼兒隨著音樂的節拍行走跳動，在樂音和笑聲的環繞下，聽覺經驗和語言的溝通互動都會深植在彼此心裡。

● 利用拍氣球、相互的滾球、追逐球等遊戲，讓嬰幼兒經驗距離的變化。有利於運動覺、視覺調節的發展。

> 當嬰幼兒漸漸能走得越穩越久、越快越遠時，他們會發現，原來世界不僅僅只是變大了，還是一個永遠有新鮮事的奇幻世界。此時動作技能是發展的首要之務，也是左右腦學會通力合作的兩側發展期，動作在不斷反覆練習中成熟，也帶給嬰幼兒更多的信心和成就感。這個時期也是嬰幼兒開口說出第一個有意義字的時候，意謂著他聽懂不少東西，開始要用大人的方式進行溝通，「說」雖然仍有極大的限制，但嬰幼兒會手口並用的演給你看。記著，不急著要他說完整、說清楚，你的回應讓他知道他的表達是正確還是錯誤，嬰幼兒會再嘗試、再努力表達，這是一個難能可貴的自我學習機會。父母要做的就是耐心聽完、看完嬰幼兒的表達，說出他的需求並滿足這個需求，如果「猜」錯了也沒關係，再猜一次，嬰幼兒會看到你的努力，他會好愛你的。

四、好說寶寶跳動樂生活：18～24 個月

　　當嬰幼兒開始嘰嘰喳喳與世界溝通互動時，便同時啟動了大腦千萬個「是什麼？」的運作模式，所以無論是不停說或一直問，還是假設─嘗試─驗證─反駁，都是這個階段的嬰幼兒希望從渾沌的生活經驗中，理出人與物和環境中的關聯性，也開始了假扮遊戲的發展。這時候你可以這麼做：

- 利用呼拉圈、彩帶等玩模仿遊戲，模仿火車無論是沿著呼拉圈繞著走，或是在彩帶上直行，還是像螃蟹橫著走或是學小兔子般的跳躍等，都能增進平衡感和大腦神經迴路運行的效率，還能將日常的觀察用動作呈現，促進認知發展。

- 讓嬰幼兒進行單腳踢球，練習爬樓梯，或坐或站在平衡板上，走平衡木等，增強更進階的平衡感，也讓身體兩側可相互制衡。

- 肢體活動如：拋接氣球、傳接沙包、拋球遊戲等小活動，可讓大腦從感官刺激進行視聽整合、手眼協調、動作精準等理解，將有助於發展認知。

- 面對面玩「不見了」的遊戲（如圖 7.6）；在黑暗的房間裡追視著手電筒的光束；利用繪本、相簿說故事、角色扮演等遊戲，可幫助嬰幼兒發展視覺空間感知、圖像記憶和社會認知的能力。

> 嬰幼兒會走會跳時，身體有如充足電力的金頂電池，總是動個不停，喜歡爬上爬下、跳上跳下。為的是讓動作更為純熟、肌肉的控制力更好。肢體動作的探索是用來認識自己與外界的方式之一，與其用負面的語言和態度禁止他，不如成為他的遊戲夥伴，為他創造合適的活動和空間，共同享受在遊戲中學習的樂趣。這個時候的他會用短句，也就是電報式的話語做表達，常指著東西問：「這是什麼？」你我他的代名詞常常弄錯，這是過程不用心急。父母和嬰幼兒的對話、回答問題的說明、對情境的解釋，甚至家人間的談話，都是他學習語言的樣板，一切都發生在每天的生活、遊戲中，基礎詞彙的累積是在這些親身參與的經驗中獲得的，這些詞彙都具有真實的感官經驗，大腦有了類推的基模，便能有效擴大認知，進入下一階段詞彙爆炸期。

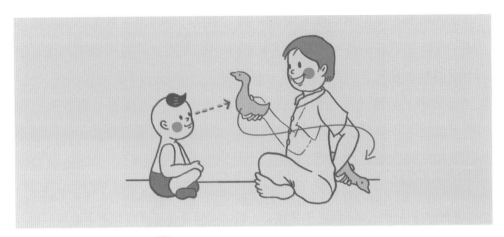

圖7.6　面對面玩「不見了」的遊戲

五、好學寶寶凡事動手自己來：24～30個月

　　隨著生活經驗的豐富，嬰幼兒內在需求和好奇心變多了，不再安於只是吃和睡，他們喜歡透過各種遊戲和參與家事來體驗成人的世界。這時已經健步如飛的他們，像關不住也停不了的行動派，想到什麼就做什麼。但語言尚未成熟的他們，常常詞不達意，這時候你可以陪著他這麼做：

- 利用繪本說簡單的故事，並進行角色扮演，一會兒趴在地板上學鱷魚匍匐前進，一會兒平躺著緩慢交替地揮動著雙手雙腳，學水母漂游，讓身體同側或異側手腳交替擺動，對身體覺知、肌肉張力發展都有益處。
- 在柔軟的墊子上進行反覆的翻滾和翻跟斗，利用小毯子假裝包壽司或捲蛋捲，將嬰幼兒包裹在毯子裡，然後再鬆開，都能給前庭大量的刺激。
- 這階段正在學習靈活運用末梢的手指，凡事喜歡自己動手自己來，不妨利用家中隨手可得的物品，準備各種安全多樣的素材，創造一些小肌肉的遊戲，如：把散落的筆、吸管或棉花棒，一根根的插入寶特瓶或筆筒中；模仿媽媽將曬衣夾夾在各種物品上；將毛線穿進一段段的吸管做成

美麗的項鍊；或是轉開瓶瓶罐罐，聞一聞是什麼味道，放入不同的東西搖一搖聽聽看等，都可以讓孩子動動手、做做看，在反覆練習中提升了手眼協調、活化了大腦的連結，更增進了自信心。

● 在音樂中，與嬰幼兒面對面手牽著手，隨著音樂的節奏、曲式進行律動，這時不只發展了動作計畫的能力，進而提升與他人身體及空間協調的覺知。

> 隨著身體與空間覺知的能力提升，姿勢和平衡感正逐漸純熟，而左右兩側的感覺訊息傳入，經由大腦皮質的統合，促使大腦更懂得微調自身的反應，動作計畫能力便更上層樓。此時嬰幼兒喜歡玩瓶瓶罐罐參與家務，如：擦窗戶、擦地板、摺衣服、掃地等，不僅讓精細動作得心應手，也在當媽媽的小跟班時無形擴增了詞彙和語言能力，他會告訴你我在做什麼，也會問你在做什麼，還能把做的事件、要的東西清楚描述呢！

六、好問寶寶說學逗唱好心情：30～36個月

這時期的嬰幼兒兩側肢體可以執行不同的動作，運動能力漸漸發展，語言能力也突飛猛進，能與大人交談、分享，也會打破沙鍋問到底地問：「為什麼？」這時候你可以陪著他這麼做：

● 雙腳一上一下地踩著三輪車，勇往直前地去尋找祕密基地，是這個階段嬰幼兒最喜歡的活動。

● 在運動或操作活動進行前，對嬰幼兒下達「開始」的指令，可以幫助他掌握時機、展開行動及控制姿勢。

● 給他一小塊麵粉糰搓搓揉揉做各種食物、一些顏料在紙張塗塗抹抹、幾個積木疊疊蓋蓋，或給他些許工具在泥土、沙坑中鏟鏟挖挖，讓嬰幼兒在重複中創造新的玩法、內化新的規則、發展新的動作技能。

● 嬰幼兒已能依照穩定的節拍走路，運用不同節奏的音樂活動，包括命名類歌曲（如：〈頭兒肩膀膝腳趾〉）或重複性的歌曲（如：〈倫敦鐵橋垮下來〉），引導嬰幼兒能在哼唱歌曲時，做出與歌詞對應的動作，有利於詞彙的理解。

> 嬰幼兒的身體已漸漸控制自如，能操作執行的技能也越來越靈巧，代表大腦和肢體有了穩固的連結，心智也發展到一個新的階段，準備破繭而出，好好的擁抱世界。這時候嬰幼兒開始發現事物間有關聯，想不通的時候就愛問：「為什麼？」媽媽可以帶著他去尋找答案，也可以陪他再玩一次，看看有沒有新的發現，或者用嬰幼兒能理解的方式簡單說明（最好是能和過去的經驗結合）。

🌱 開心玩遊戲就對了

　　當孩子漸漸長大，豐富的生活經驗讓孩子的身體技能和認知語言快速發展，玩耍的能力越來越好，從操作物件中證明心裡的假設、發現新的知識、解決問題等歷程中，產生物理知識（如：物件的特質）和邏輯數學知識（如：操作行動中的反思）（周淑惠，1999）；從人我互動發展「心智理論」（見第三章）、學習語言、增加知識、情緒表達等歷程中，走出自我中心融入真實世界，沒有任何事物可以替代遊戲扮演學習這些技巧的角色，遊戲有其獨特的功能及力量，相關的研究結論也給予有力的支持（吳健緯譯，2013）。

　　遊戲是孩子自我引導的學習，父母只是語言和環境的支持者，提供生活化、多元的情境，讓孩子在嬉戲玩耍中，選擇自己要做的事，不過多干擾或要求、控制，孩子會用語言的表現回饋父母的用心。兩歲以上幼兒的語言從簡單的溝通，進展到完整的敘事，上小學前已能表達抽象思維，都

是在遊戲和親子互動中自然引發的。父母從豐富多元的遊戲中可觀察到孩子的特質和優勢能力，對於相對較弱的能力，孩子也可從經驗中對自己的能力加以掌握及瞭解。在沒有「使命必達」的前題下，讓孩子自在地去經驗和坦然面對「學不會」或「做不好」的事實，就不會因害怕挫折而逃避學習。只要父母引導適當，讓孩子學習從優勢能力習得的概念類推到弱勢能力的學習，孩子最大的喜樂是來自「挑戰成功」，而內在意志、學習能力、正向思維、多元思考等，更是挑戰過程中，心靈最重要的成長。

遊戲對孩子來說是最好的朋友也是老師，所以造物者給了六年的時間讓孩子玩遊戲，怎麼玩都開心。遊戲可以隨孩子的喜好自行創造，也可以在成人的結構中有目標的玩出能力。婦聯聽障文教基金會的「智慧整合聽語教學系統」，便是後者的模式。那麼，在教室裡如何「玩」出目標呢？以下是基金會的做法：

1.瞭解孩子的發展

兩歲以上的孩子除非有特殊需求，基金會一般皆使用認知、語言、社交／情緒、聽覺技巧四個面向的評估工具來瞭解孩子的發展現況，以擬定一年的教育計畫。每堂課結束前教師會瞭解孩子的能力，在達成課程目標的哪一個階段：(1)剛學會新概念或技能；(2)還需反覆練習加以固化；(3)可以在教室情境流暢使用；(4)可以類化到生活中，來決定如何諮商父母在家的親子活動，和下一堂課要先確認的起始能力。

2.瞭解孩子的學習特質和優勢能力

除了標準化評量，教師還會透過父母諮商、課堂觀察、檢核表的方式，瞭解孩子人際互動、學習動機、優勢智慧的特質，然後依著這些特質進行活動設計。新概念或技能的學習，教師會從孩子的幾個優勢智慧設計教學活動，當孩子已經可以在教學活動中流暢使用，對學習有信心時，老

師會設計活動讓孩子挑戰自己的弱勢能力，或調整自己的反應。當新概念或技能在每個智慧活動中，孩子都能應對自如，孩子就具備類化到生活中的能力。

3.發展學習和思考的能力

　　基金會的教學重視孩子實際參與的學習歷程，因為學習的內隱能力是在這歷程中累積出來的。教師會在擴展認知的多元智慧活動中，引導孩子說出自己大腦中的圖像，因為同樣的活動，與孩子過往經驗整合，表達出來的也各有不同，孩子同時可以學習其他同伴的觀點。因此活動時不總是由教師說指令，而是讓孩子可以選擇、做決定，有些孩子憑感覺做選擇，教師不會預期他可能做不好而干涉，因為這是一個發現問題、自我修正的好時機。

4.建構學習的歷程

　　類比是大腦的學習方式，因此對於新概念學習最有效的方法就是和已有的經驗（概念）連結找出類比的基模，再擴展或延伸出新的概念。這中間有一個又一個的類比歷程：從基模類比出新概念、從某智慧活動習得的概念類比其他智慧的活動、從教室活動類比家中常態的活動、從常態活動類比非常態活動，好像搭建階梯，最終能達到目標。在類比活動中，只有新概念的詞彙是新的，其他串在一起的詞彙和語法大都是孩子熟悉的，讓教學目標可以聚焦。基金會的教學雖是以認知活動為主軸，但透過多元智慧的活動，可豐富、延伸、擴展認知和語言、提升聽覺技巧、學習生活常規和人我互動的態度，最重要的是建構學習的鷹架。

5.營造學習的氛圍

　　傳統的學習氛圍，學生習慣猜老師心中的答案，有「對」和「錯」的

159

壓力，因此沒把握時就不表達，有疑慮時也不敢發問。基金會的教室裡教師的功能是引導和支持，並不完全主導，讓孩子用自己的方式心領神會，即使教師提問，孩子想的是自己的答案，不會擔心對或錯，因為每個人都有自己的想法。如果孩子的想法、行為、答案真的「很不一樣」，這是老師的挑戰，老師要做的是：創造新的情境，讓孩子自己發現和調整；瞭解孩子真正的想法，也許孩子是詞不達意或心口不一；要在自己身上找答案，也許孩子的創意已超過老師的框框。在這間教室裡表達自己的想法是被鼓勵和支持的，從教師的行動中要孩子明白表達本身沒有輸贏、對錯，但表達行為和語言的學習，在自我提升的歷程中有不同的樣態，這歷程中教師和孩子是夥伴關係，為著「學會如何學習」而一起努力。

孩子在教室裡的學習最終要經過生活的考驗，才知道是否真的學會了。整個生態環境是孩子的大教室，父母要做的不是複製教室裡的活動，而是將孩子習得的概念和生活經驗結合。例如，孩子在教室學會裡外的概念和詞彙，也會結合已學會的詞彙（盒子、餅乾）和句型（我有……），而說出簡單句：「盒子裡面有餅乾」、「餅乾在裡面／餅乾在盒子裡面」。在家裡要先觀察孩子會不會把「盒子」、「餅乾」類推到家裡熟悉的物件，說出「口袋裡面有糖果」、「爸爸在裡面」……，如果孩子無法主動使用或說不完整（口袋有糖果），表示孩子還未掌握概念，父母就要創造一些情境讓自己有機會示範。切記！溝通要「輪替」，不是用考試的方式一問一答。如果孩子能類推，就要類推不同的用法，如：讓孩子在操作遊戲中，理解食物不同的內餡有不同的說法（豬肉水餃、牛肉漢堡），然後可以在餐廳、小吃攤去經驗自己點東西的樂趣；或是在家自製樂器，在筒子裡放不同的物品，聆聽聲音的不同、放相同的東西但數量不同則響度不同；在生活中觀察水果裡外的特質並能描述；製造違反常態的情境，讓孩子發現並描述，如：鞋子裡面有石頭、杯子裡面好髒。當孩子在生活裡

食、衣、住、行各個層面都能正確使用裡外的句子，將來自然能理解「心裡」、「眼裡」等抽象的概念。

聽損父母常擔心自己不會「教」，所以把「教」的責任交給專業人員，然而專業人員只能提綱挈領地指導父母，父母仍要將原則融入生活的細節裡。「寓教於樂」講的是教學的方法；「教育是一種潛移默化的治療」（鄧麗君、廖玉儀譯，2007），則點出了教育的功能。學前嬰幼兒的生存要靠父母提供環境，但學習和成長卻是由自己主導，父母要維持這樣的夥伴關係，就是無怨無尤地扮演好夥伴的角色和功能。每一個父母都是長大的孩子，只是忘了當年是怎麼玩的，但只要降低心理和身體的高度去面對面地和孩子互動，孩子會喚醒你沉睡的天賦。相信你不僅會成為孩子的最佳夥伴，還是孩子緊緊依偎的大玩偶！

參考文獻

王宏哲（2015）。**跟著王宏哲，早期教育 so easy！**台北：親子天下。

吳建緯（譯）（2013）。**會玩才會學**（原作者：P. Gray）。台北：今週刊出版社（原著出版年：2013 年）。

周淑惠（1999）。**幼兒教材教法──統整性課程取向**。台北：師大書苑。

洪蘭（2015）。**大腦科學的教養常識**。台北：遠流出版公司。

洪蘭（譯）（2009）。**大腦當家**（原作者：J. J. Medina）。台北：遠流出版公司（原著出版年：2008 年）。

張玲芬（2009）。**0～3 歲嬰幼兒啟蒙教育**。台北：華都文化。

鄧麗君、廖玉儀（譯）（2007）。**邁向健康的教育**（原作者：M. Glöckler, S. Langhammer, & C. Wiechert）。宜蘭：人智學教育基金會（原著出版年：2006 年）。

薛絢（譯）（2002）。**小腦袋裡的秘密**（原作者：L. Eliot）。台北：新手父母（原著出版年：2002 年）。

謝維玲（譯）（2015）。**Smart Start：聰明寶寶從五感律動開始**（原作者：M. Sasse）。台北：遠流出版公司（原著出版年：2009 年）。

Hölscher, B. (2014). *Powerful! Reflexes shape your life.* Norderstedt, Germany: Books on Demand GmbH.

國家圖書館出版品預行編目（CIP）資料

孩子，我懂你：如何成為聽損嬰幼兒學習和溝通的
夥伴／管美玲等著. -- 初版. --新北市：心理，
2018.11
面；　公分. --（溝通障礙系列；65039）
ISBN 978-986-191-843-3（平裝）

1.聽障教育　2.特殊兒童教育

529.67　　　　　　　　　　　　　　　107018296

溝通障礙系列 65039

孩子，我懂你

如何成為聽損嬰幼兒學習和溝通的夥伴

主　　編：管美玲
作　　者：管美玲、莊鳳儀、官育文、邱文貞、葉靜雯、簡子欣、廖秀紋
繪 圖 者：康宇瑄
執行編輯：林汝穎
總 編 輯：林敬堯
發 行 人：洪有義
出 版 者：心理出版社股份有限公司
地　　址：231 新北市新店區光明街 288 號 7 樓
電　　話：(02) 29150566
傳　　真：(02) 29152928
郵撥帳號：19293172　心理出版社股份有限公司
網　　址：http://www.psy.com.tw
電子信箱：psychoco@ms15.hinet.net
駐美代表：Lisa Wu（lisawu99@optonline.net）
排 版 者：辰皓國際出版製作有限公司
印 刷 者：辰皓國際出版製作有限公司
初版一刷：2018 年 11 月
初版二刷：2019 年 1 月
I S B N：978-986-191-843-3
定　　價：新台幣 240 元